EDITORA DO CONHECIMENTO

Auxiliando a humanidade a encontrar a Verdade

AMOR
ENCONTROS, DESENCONTROS E REENCONTROS

Amor

Encontros, desencontros e reencontros

RAMATÍS E NICANOR

Todos os direitos desta edição reservados à
CONHECIMENTO EDITORIAL LTDA.
Rua Prof. Paulo Chaves, 276 – Vl. Teixeira Marques
CEP 13485-150 — Limeira — SP
Fone/Fax: 19 3451-5440
www.edconhecimento.com.br
vendas@edconhecimento.com.br

Edição de texto: Margareth Rose Carvalho
Revisão: Mariléa de Castro
Projeto gráfico: Sérgio Carvalho
Ilustração da capa: Banco de imagens

ISBN 978-65-5727-008-0
1ª Edição – 2020

• Impresso no Brasil • *Presita en Brazilo*

Produzido no departamento gráfico da

Conhecimento Editorial Ltda
grafica@edconhecimento.com.br

Dados Internacionais de Catalogação na Publicação (CIP)
Angélica Ilacqua CRB-8/7057

Ramatís, (Espírito)
Amor: encontros, reencontros e desencontros : obra mediúnica inspirada pelos espíritos Ramatís e Nicanor ao médium Sávio Mendonça – Limeira, SP : Editora do Conhecimento, 2020.
194 p.

ISBN 978-65-5727-008-0

1. Espiritismo 2. Amor 3. Obras psicografadas I. Título II Mendonça, Sávio III. Nicanor (Espírito).

20-1859 CDD – 133.93

Índices para catálogo sistemático:
1. Obras psicografadas 133.93

Ramatís – Nicanor

Amor

Encontros, desencontros e reencontros

EDITORA DO CONHECIMENTO

Obras de Ramatís editadas pela **EDITORA DO CONHECIMENTO**

HERCÍLIO MAES

- A Vida no Planeta Marte e os Discos Voadores - 1955
- Mensagens do Astral - 1956
- A Vida Além da Sepultura - 1957
- A Sobrevivência do Espírito - 1958
- Fisiologia da Alma - 1959
- Mediunismo - 1960
- Mediunidade de Cura - 1963
- O Sublime Peregrino - 1964
- Elucidações do Além - 1964
- Semeando e Colhendo - 1965
- A Missão do Espiritismo - 1967
- Magia de Redenção - 1967
- A Vida Humana e o Espírito Imortal - 1970
- O Evangelho à Luz do Cosmo - 1974
- Sob a Luz do Espiritismo (Obra póstuma) - 1999

SÁVIO MENDONÇA

- O Vale dos Espíritas - 2015
- Missão Planetária - 2016
- A Derradeira Chamada - 2017
- O Sentido da Vida - 2019
- Amor: Encontros, desencontros e reencontros - 2020

MARIA MARGARIDA LIGUORI

- Jornada de Luz
- O Homem e o Planeta Terra
- O Despertar da Consciência
- Em Busca da Luz Interior

OBRAS COLETÂNEAS:

- Ramatís uma Proposta de Luz
- Face a Face com Ramatís
- Um Jesus que Nunca Existiu
- A Origem Oculta das Doenças
- Simplesmente Hercílio
- A Missão do Esperanto
- O Objetivo Cósmico da Umbanda
- A Origem Oculta das Doenças
- O Além - Um guia de viagem
- Do Átomo ao Arcanjo
- Marte: O Futuro da Terra
- Geografia do Plano Astral

Coletâneas de textos organizadas por SIDNEI CARVALHO:

- A Ascensão do Espírito de A a Z - Aprendendo com Ramatís
- Ciência Oculta de A a Z - O véu de Ísis
- Evangelho de A a Z - A caminho da angelitude
- Jesus de Nazaré - O avatar do amor
- Mecanismos Cósmicos de A a Z - O amor do Pai
- Mediunidade de A a Z - O portal da Luz
- Saúde e Alimentação de A a Z - O amor pelos animais
- Transição Planetária de A a Z - A chegada da Luz
- Universalismo de A a Z - Um só rebanho

Obs: A data após o título se refere à primeira edição.

Sumário

Introdução

Queridos irmãos:

"O amor cobre a multidão das imperfeições humanas". Com base nessas sábias palavras de Jesus, nosso amado Mestre e amigo, abrimos esta obra enfatizando que toda expressão de vida, seja ela a mais simplória ou complexa, é sem dúvida uma manifestação do amor. Porque nada, absolutamente ninguém, está fora dos planos e do amor de Deus, esteja em qualquer parte do Cosmo. Na natureza, com sua ampla e esplendorosa forma de manifestação biológica, através de átomos, moléculas, células, tecidos, bem como nos mais engenhosos ou minúsculos organismos dos reinos mineral, vegetal ou animal e, ao final da cadeia, na imponente engenharia humana, o amor de Deus está presente desde a sua mais ínfima partícula.

E, nesse contexto, não nos esqueçamos das almas desencarnadas, em sua mais essencial forma de manifestação, pois o amor se estende a todos os seres nas suas relações cósmico-sistêmicas, dos planos mais densos aos mais sutis. Nesse grande mosaico envolvido pelo amor universal, inclui-se ainda a mais fidedigna representação do que vem a ser o amor fraternal, em forma de anjos e arcanjos, criaturas conectadas ao Maestro Maior, nosso Criador. Desse modo, não há excluídos no Universo, sob o prisma da consciência e do amor de Deus.

O amor sempre esteve presente na vida dos seres humanos, desde a sua criação como pequena centelha. Mas, observando-se pelo ângulo da materialidade, concluímos que muitas vezes ele é banalizado ou mesmo deturpado, fugindo ao seu real sentido e compreensão. Contudo, mesmo a partir dessas visões distorcidas ou incompletas, existe uma certa percepção e consequente expressão desse sentimento por seres ainda imperfeitos, na tentativa de alcançar a sua vibração mais sublime, ou seja, aquela que vai se decompondo desde os planos mais sutis até os mais densos. Para os irmãos ainda presos aos impulsos e formas materiais, o amor está restrito a essas formas mais densas. Mas, à medida que eles evoluem, ampliam sua consciência e sensibilidade, e assimilam a expressão mais sublime do amor. É então que, gradativamente e à medida que alcançam a ascese espiritual, descobrem que o amor é muito mais abrangente e sutil, porque permeia a tudo e a todos, ao mesmo tempo em que é tão intenso quanto sereno, tão consciente quanto incondicional.

Infelizmente, a ciência terrena não é capaz de mensurar esse sentimento por seus sofisticados instrumentos para calcular a intensidade em que ele se manifesta, bem como sua extensão e qualidade. No plano da matéria e das formas, é possível apenas senti-lo, sem que ele caiba em palavras ou numa balança. Desse modo, estando mergulhado na densidade corpórea de uma encarnação, o ser humano é incapaz de absorver e informar o conteúdo verdadeiro de uma energia impossível de ser enclausurada, especialmente se esse amor for procedente dos elevados páramos celestiais.

Com isso, queremos dizer que somente ao evoluir e aprimorar a sensibilidade, o ser humano será capaz de sentir e expressar o mais extenso, intenso e vibrante amor imanente no Universo. E, para isso, é preciso que desenvolva paciência, tolerância, compaixão, respeito, compreensão, disposição para perdoar e ajudar a educar aqueles que ainda se encontram no início da caminhada evolutiva, que vibram e expressam sentimentos ainda grosseiros e tortuosos, condizentes com a própria natureza evolutiva.

Quando um novo espírito é criado pela vontade divina, em forma de mônada ou centelha divina, está embutida ali uma amostra cósmica do amor de nosso Pai, tanto no próprio processo criativo quanto no ser criado. Assim, se ocorre essa manifestação de amor em nível microcósmico, ocorre também no âmbito do macrocosmo, no exato momento em que estrelas, planetas, sistemas solares, constelações ou galáxias são criadas. Portanto, uma amostra do imensurável amor imanente de nosso Criador, que é infinito e contempla do macro ao micro.

Falar de amor é falar do mais doce, agradável e aconchegante termo existente no Cosmo. E se falamos do amor proveniente de nosso Pai, de seus prepostos, arcanjos e anjos, e de todos que se encontram na nossa vanguarda espiritual, estaremos nos referindo a algo de que não somos capazes de exprimir com fidelidade no mundo terreno. Apenas o amor existente entre pais e filhos, e entre as pessoas que se gostam verdadeiramente, é capaz de dar uma mínima ideia do que seja esse Amor Maior.

É exatamente isto que a presente obra pretende: abordar o tema a partir de um enfoque espiritual que torne possível a compreensão e o despertar de nossos irmãos para além da acanhada visão da materialidade. Guardadas nossas devidas limitações espirituais, bem como nossas experiências no plano terreno, enfocaremos o assunto sem perder sua referência maior que é a própria vida, uma vez que o destino da Terra é vir a ser um planeta de amadores, na mais ampla acepção da palavra, ou seja, um lugar composto por seres que se amam fraternal e verdadeiramente.

Contudo, o destino da Terra pressupõe, ainda, um trilhar relativamente longo em termos temporais, porque se encontra no final da expiação e à beira de iniciar um processo de regeneração, que já começa a dar os seus primeiros sinais no orbe, com os quais ainda se conviverá por alguns milênios, como *locus* cósmico rico em diversidade de níveis evolutivos. Essa fase exige que seus habitantes cultivem continuamente a tolerância e a compaixão por aqueles que ainda estão presos às próprias mazelas íntimas, e com dificuldades inerentes a quem passou muitos séculos ligado a formas densas do amor, com suas expressões egoísticas, orgulhosas, vaidosas, instintivas, carregadas de emoções intensas.

É importante salientar que a diversidade sempre existiu e continuará existindo no Universo, e que essa é uma das riquezas que o Pai proporciona a todos que integram essa magnitude cósmica. Imaginai a monotonia que seria se todas as pessoas fossem iguais, se tudo fosse de uma só forma, se não houvesse a diversidade de cores, sons e aromas na expressão das galáxias, das estrelas e planetas. Da mesma maneira que o cientista terráqueo precisa olhar através de um microscópio para ver a rica diversidade de micro-organismos existentes na biologia humana, as criaturas precisam ir sutilizando e aprimorando sua maneira de perceber, olhar e sentir o mundo ao seu redor, a fim de que sejam capazes de ver a diversidade na existência. Mesmo nas humanidades que já alcançaram graus de sintonia, harmonia e estágio evolutivo elevados, a diversidade continua a existir, ainda que em graus mais sutis e talvez imperceptíveis àqueles que se encontram num nível mais denso e grosseiro da evolução.

Assim, este livro abordará com palavras simples e objetivas o tema *amor* desde sua forma mais densa – nem por isso menos importante – até as expressões mais amplas e onipresentes do Amor Cósmico. Afinal, todas são manifestações dos seres pertencentes à grande orquestra cósmica dirigida por nosso Pai Maior, que é puro amor. Teremos a valiosa colaboração de Nicanor, irmão de longas jornadas espirituais, trabalhador incansável nas trilhas do amor fraterno que muito tem a transmitir sobre esse importante tema.

Que os irmãos possam fazer bom proveito dos esclarecimentos que ora disponibilizamos para que amadureçam espiritualmente, ampliando o amor ao próximo e a si mesmos, visando a felicidade de todos.

Paz e amor aos vossos espíritos!

Ramatís

Capítulo 1
A escalada evolutiva do amor – no princípio
RAMATÍS

Pergunta: O amor divino é semelhante à própria existência de Deus, ou seja, nunca teve início nem terá fim, sempre existiu e existirá com a mesma força, intensidade e amplitude cósmica; seria isso?

Ramatís – Façamos uma analogia para facilitar a compreensão dos nossos leitores. Imaginai um grande holofote emitindo uma luz muito forte e com altíssima capacidade de alcance; e que essa luz, enquanto fonte geradora, sempre esteve ali, com sua força imensurável, sem necessidade de bateria para recarregar o holofote. Agora imaginai que o amor é a grande fonte de energia para a geração dessa luz. Esse amor, de polaridade energética negativa *transformadora*, sempre esteve carregado pela polaridade energética positiva *criadora*, igualmente infinita, onipresente, onipotente. Há ainda uma terceira polaridade neutra *mantenedora* que busca a estabilidade do sistema.

Esse exemplo grosseiro, utilizado aqui apenas para facilitar uma compreensão básica ao cérebro humano, é uma ilustração figurativa de como funciona a Fonte Essencial divina, com sua consciência *criadora*, sua expressão *mantenedora* e sua força *transformadora*. Todas essas forças são expressões do amor cósmico divino. Todavia, qual como ocorre a um holofote, à medida que a luz se afasta do seu centro gerador e se projeta sobre os objetos vai criando sombras e ficando mais fraca, por uma questão de física. Não que o amor divino tenha se reduzido em outras partes do Cosmo, mas porque não poderia manter sua luz intacta e com a mesma potência, sob risco de "queimar" objetos mais densos. Então, esse amor vai se decompondo em formas menos intensas de luz, até chegar às áreas mais distantes, onde há escuridão, embora suas moléculas, imperceptíveis aos olhos humanos, estejam ali presentes, sutilmente, envolvendo a tudo e a todos.

Na escuridão do Cosmo existem a consciência e o amor divinos, como em qualquer parte, só que expressando-se de forma diferente e em dimensões e planos muito sutis. Há no infinito Universo uma estrutura em rede, invisível a olhos nus, criando verdadeiras "camas" elásticas de sustentação energética do Cosmo (é o que os atuais astrofísicos terrenos chamam de matéria escura). Essa rede estruturadora do equilíbrio é a manifestação do *amor-manutenção*. Em cada galáxia, constelação, sistema solar, planeta, satélite natural, cometa, meteoro, meteorito ou poeira cósmica, existe a presença do amor e da consciência divinos. Em meio à escuridão (que não significa ausência de matéria subatômica), existem átomos, ainda sem luz, que um dia irão se transformar em dínamos de luz; surgem objetos novos, outros se desprendendo de matérias luminosas, outros se resfriando, outros se transformando em gases que geram luz, nos mais diversos matizes.

Onde há luz, mesmo nas áreas mais distantes da Fonte Essencial, é porque arcanjos e anjos servem como colaboradores da Fonte Essencial; estão se desdobrando em amor incondicional para se tornarem cada vez mais médiuns fidedignos da fonte do amor infinito, ajudando assim a criar novos "holofotes" (estrelas, sistemas solares etc.) carregados de amor, que por sua vez ajudam na distribuição do amor em formas diversas, que ajudam na manifestação desse amor onde havia só escuridão ou sombras, seja pela presença de coisas e seres ainda densos, seja pela presença de coisas e seres ainda nos primeiros passos evolutivos, nos diversos reinos da existência, seja mineral, vegetal, animal e hominal.

Pergunta: Podemos dizer que existe amor nos seres minerais? Esse sentimento não começa a existir somente nos seres animais, quando dão os primeiros sinais de carinho à sua prole e àqueles que deles cuidam, como os animais de estimação, por exemplo?

Ramatís – Vamos dividir essa análise em dois referenciais: os dependentes exclusivos do amor divino e os que já se tornam geradores de energia de amor e, aos poucos, deixam de ser passivos na contabilidade cósmica e se tornam ativos dínamos de amor, seres plenamente sintonizados e colaboradores do amor divino, ou seja, neles há a presença do amor divino, mas são também agentes ativos desse amor.

Existe um amor infinito e divino permeando a tudo e a todos: o amor proveniente da Fonte Essencial que gera mundos, vidas, átomos; os cria, os sustenta e os transforma continuamente. E assim, surgem átomos, moléculas, estruturas minerais, tecidos biológicos, plantas, árvores, bactérias, vírus, fungos, vermes, animais aquáticos, aves, mamíferos, seres humanos e, também, anjos e arcanjos. Quando o ser recém-criado (ou mônada) surge, e até entrar no reino vegetal, em sua trajetória evolutiva, estará num lento processo de despertamento da longa letargia ou sono cósmico, sem consciência e sem amor, enquanto fonte própria geradora dessas energias. Por isso, o ser ainda depende do Pai Maior, isto é, depende exclusivamente do amor que provêm da Fonte Essencial e que perpassa ou se sintoniza com aqueles colaboradores que já o compreendem e o sentem em "quase" sua totalidade de expressão amorável e consciencial: os devas, que são anjos que cuidam da natureza, ainda desprovida de plena capacidade de ser geradora de luz do amor consciente.

Quando o ser adentra o reino vegetal, ainda é dependente exclusivo do amor externo, ou melhor, do amor que vem de Deus. Mas nesse reino começa a despertar lentamente a sensibilidade. Uma planta como uma roseira, ou uma árvore como uma mangueira, mais evoluídas,[1] já têm graus de

[1] Ramatís explica, no capítulo "Os ciclos evolucionários" da obra *O Sentido da Vida*, **EDITORA DO CONHECIMENTO**, página 34, o processo de despertamento da consciência do ser: "Quanto mais denso o ser, menos desperto em sua consciência. No mundo mineral, está completamente adormecido. Quando adentra o reino vegetal, inicia os primeiros movimentos para o despertamento, e ao chegar aos

sensibilidade mais aguçados que uma samambaia, que é uma planta primitiva. No entanto, ainda são seres que precisam dos cuidados e do amor proveniente dos devas. E então, quando o ser adentra o reino animal, a sensibilidade se aguça mais ainda e irá se expandindo até chegar em suas últimas fases, como bovinos, suínos, gatos, cães ou macacos; todavia, ainda estarão sob a tutela dos devas. Quando alcança o reino hominal, deixará de ser tutelado pelos devas e, já com despertamento maior de sua consciência e sensibilidade, iniciará uma longa etapa de evolução de modo a expandir mais ainda sua consciência e sua capacidade de amar, até tornar-se um futuro dínamo de amor, colaborador pleno do Pai na expressão da Luz criadora e expansora do amor universal. Contudo, o ser humano não estará desprovido de proteção e suporte, pois terá a presença de anjos que cuidam dos seres humanos, bem como do seu guia espiritual, cada vez que encarnar.

Resumindo, seremos bem objetivos na resposta a esta pergunta: os minerais possuem o amor divino ali impregnado, mas ainda não são fontes geradoras de amor. Os seres humanos, por exemplo, ao emitirem seus sentimentos e pensamentos, impregnam os minerais dessas energias, que ficam neles imantadas. A diferença é que o amor divino é puro e permeia a tudo e a todos, inclusive aos minerais. E, além disso, o mineral traz, em sua mais essencial partícula atômica, uma amostra energética do amor divino.

Um médium muito sensível pode sentir e fazer uma "leitura" ou ter vidências ao contato com pedras, paredes, casas ou objetos antigos, pois ali a história está impregnada. E somente muitas preces, muitos trabalhos de limpeza energética poderão desfazer essas imantações, se forem negativas. Um ambiente harmonizado certamente terá boas energias imantadas em suas paredes e objetos. E o mesmo se dá com os minerais que se encontram ao relento, com a diferença de que, cada vez que chove, venta e ele sofre a ação do sol e dessas forças naturais, ocorre algum grau de limpeza energética, podendo ficar totalmente limpo ou com alguns resíduos de me-

---

estados mais evolutivos desse reino (como as grandes árvores ou aquelas que geram flores) tem seu campo de sensibilidade mais aguçado e expressa seus primeiros graus de despertamento do "sono cósmico" de bilhões e bilhões de anos".

mórias passadas ali impregnadas (pedras, areias, argila etc.).

Pergunta: Como se processa o amor nos vegetais?

Ramatís – Após o longo período de sonolência cósmica, a centelha divina presente no espírito em evolução começa lentamente a despertar as energias da sensibilidade, no reino vegetal. À medida que o vegetal evolui, essa sensibilidade vai se expandindo; todavia ainda inconsciente e totalmente sujeita à sábia intervenção de devas responsáveis pelo grupo de vegetais a que tal espírito esteja ligado.

Pergunta: Poderia nos explicar melhor? Como seria a manifestação dessa sensibilidade nos vegetais?

Ramatís – Para dar uma pequena noção de dimensão, imaginai uma pessoa que terá de percorrer a pé 100 mil quilômetros e então dá um passo de 20 centímetros nos primeiros movimentos e naquele período de várias existências chegará, no máximo, a um quilômetro. Seria uma relação proporcional, bastante rude, para exemplificar o quanto, relativamente, um vegetal avança dentro do seu reino, desde o período em que nasce como uma samambaia e deixa a fase vegetal como um cedro, por exemplo, salientando que esses seres são compostos por almas coletivas. Uma samambaia, por exemplo, ainda está nos primeiros momentos do despertamento do "sono cósmico" e um cedro já possui uma sensibilidade mais aberta, porém ainda com uma distância descomunal da sensibilidade de um golfinho ou de um cachorro. Sua consciência será totalmente realizada por devas, os quais a complementarão, envolvendo também com sua sensibilidade e amor incondicional esses seres vegetais. Uma complementação em torno de 99,9 por cento. Assim, um vegetal, ao se manifestar, possui alguns "toques" de sensibilidade própria, mas rico em pureza, e um ser humano ao entrar em contato com uma flor, por exemplo, estará recebendo uma pequena e importante parte de sensibilidade da própria planta e uma quantidade enorme de sensibilidade impregnada advinda do deva que cuidou amoravelmente dela.[2]

[2] Existe um livro precioso sobre a vida das plantas que aborda a sensibilidade delas. Inspirada por irmãos marcianos, *A Vida Secreta das Plantas,* de Peter Tompkins e Christopher Bird (Ed. Expressão e Cultura) mostra com muita clareza o

Pergunta: No livro A Vida Secreta das Plantas, *a forma como os autores descrevem dá a impressão de que há algum grau de consciência nos vegetais; seria isso?*

Ramatís – A sensibilidade não deixa de ser um tipo de inteligência diferente daquela racional a que o terrícola está acostumado a se referir.

Pergunta: E no reino animal, como se expressa a sensibilidade?

Ramatís – Bactérias, vírus e fungos são formas muito primitivas de vida (em transição para o reino animal) que depois evoluem para vermes, répteis, anfíbios, peixes, insetos, aves e mamíferos. A etapa de vivência no reino animal é de extrema importância para a evolução das almas, as quais exercitam momentos de individualidade-coletividade-individualidade, alternando idas e vindas encarnatórias como alma individual e coletiva, até chegar a suas fases mais adiantadas como almas individuais, "treinando" a sensibilidade e os primeiros passos de expansão da própria consciência, sendo que, nessa fase, a sensibilidade se acopla de forma mais acentuada no mundo denso da matéria. E então, aquela pura sensibilidade das plantas, que na maior parte estava impregnada pelo amor puro dos devas, vai dando lugar ao despertar da sensibilidade do próprio ser, que a cada etapa biológica e de avanço espiritual se desloca do estado de letargia e mergulha no universo dos instintos, que é a manifestação mais primária do amor. E nesse reino, o ser expande também sua consciência, em forma de inteligência bastante primária ainda.

Pergunta: Se bactérias e vírus são manifestações primárias de vida, como explicar uma questão levantada pelos cientistas da Terra quando se referem ao fato, por exemplo, de esses micro-organismos serem resistentes a certos fármacos e até ao fato de se verificarem vírus com capacidade de se modificar para escapar da ingestão de certos medicamentos, ou com comportamentos automutantes? Não seria manifestação de certa inteligência desses micro-organismos? Não seria, ainda, uma expressão contrária ao amor, pelo fato de

grau de sensibilidade dos vegetais e a memória existente neles.

que a maioria desses seres só faz mal à saúde humana?

Ramatís – O corpo biológico é rico em bactérias que ajudam na sua sustentação e funcionamento fisiológico. Um ser humano não existiria se não fossem as bactérias, que são a forma mais primitiva de vida. Os vírus são seres parasitas que se instalam no interior de células, ou seja, necessitam de células de outros seres (vegetais ou animais, incluindo bactérias) para se reproduzir. Apesar de ser uma forma primitiva de vida, apesar de não disporem de célula, os vírus vieram depois das bactérias, há bilhões de anos no processo evolutivo, pois dependiam inicialmente destas para sobreviver. As bactérias são movidas pelo instinto de sobrevivência e impulso da perpetuação da espécie, o mesmo ocorrendo aos vírus. Essas expressões dos instintos em suas formas mais básicas são manifestações primitivas de amor. E nessas expressões primitivas de vida existem cuidadores dévicos também. Portanto, há nelas amor presente daqueles que velam por todas as formas de vida, dentro do infinito Universo que, igualmente, recebe o infinito amor divino.

Ora, se o amor divino envolve a tudo e a todos, é porque todos esses são filhos de Deus também e, assim, recebem seus cuidados amoráveis através de devas, anjos e espíritos colaboradores. Então, todos os seres do Universo merecem o nosso amor também. Cada ser desses tem uma função no sistema cósmico, nos sistemas ecológicos e nos sistemas orgânicos dos seres humanos. Olhando pelo prisma da vida e da necessidade da vida (enquanto instrumento ou meio físico para que a encarnação se viabilize), para que haja evolução espiritual, todas as formas de vida devem ser respeitadas e, quando ocorrem desequilíbrios, então certos seres proliferam mais que outros, ocorrendo isso a vírus e bactérias também, não sendo, portanto, expressão de bem ou mal, mas apenas expressão da vida em ambiente desequilibrado ou não, e sempre em processo evolutivo.

Vírus e bactérias podem ser absorvidos pelo corpo humano, e somente o dominam em caso de desequilíbrio ou fragilidade deste, o que normalmente pode estar relacionado com fragilidades no campo mental-emocional ou espiritual. Todavia, esses micro-organismos têm um papel importante nos sistemas ambientais e espirituais, pois, quando chega a hora de um ser humano ou outro animal desencarnar, eles possuem função essencial para exercer a ocupação daquele corpo no respectivo processo de decomposição e fazer a vida seguir em outro plano; e esses micro-organismos continuarão suas vidas físicas e respectiva proliferação para manter a espécie.

A decomposição de seres vivos ou células mortas gera miasmas, assim como pensamentos e sentimentos densos geram miasmas etéricos e astrais. A grande maioria dos miasmas etéricos e astrais são energias criadas pelas mentes e corações humanos, e estes são fontes geradoras de vírus e bactérias. Ora, tudo está interligado nos ambientes terrenos físico e espiritual, e entre estes, pois tudo está imerso numa lógica sistêmica, de maneira que em tudo há significado. Entre todos os componentes de um sistema e entre os vários sistemas, há interação, inter-relação e interinfluência direta, indireta e cumulativa, em maior ou menor grau, com impactos significativos, medianos ou irrelevantes.

Nesse ponto, é possível que haja quem nos indague se a obsessão é justa. E diríamos que, num ambiente de provas como na Terra atual, faz parte da evolução a interação entre encarnados e desencarnados, e entre si mesmos, de maneira a expressar suas imperfeições dentro de parâmetros condizentes com o grau de primitivismo, arrogância, dureza e egoísmo em que se encontram, como forma de lapidação mútua da natureza bruta das partes, de almas embrutecidas pelas próprias mazelas e instintos aguçados. Nesse contexto, encontram-se vírus e bactérias, como partes interagentes desse meio em estado primário de energia, e imersos em ambiência de orgulho, egoísmo, vaidade e brutalidades; portanto, um ambiente que atrai naturalmente formas primitivas de vida como instrumentos de auxílio na evolução do conjunto. Desequilíbrios, doenças, dores, sofrimentos físicos e psíquicos são insumos para lapidação de almas primárias e em nível intermediário de evolução, e também de almas que alcançaram avanço intelectual, contudo ainda se encontram presas às mazelas do sentimento e dos instintos.

De fato, os vírus possuem uma inteligência intrínseca como mecanismo de sobrevivência da espécie e como forma de escapar à tentativa de seu aniquilamento por processos químicos ou naturais. São seres primitivos, mas ainda próximos da "origem" divina (em se tratando do ciclo evolucionário dos reinos e da proximidade com a fase monádica) e, por isso, movidos por processos inteligentes de mutação como tentativa de escapar da própria morte. Um dia, num passado muito longínquo, um ser humano ainda em fase espiritual primária, precisou encarnar em um vírus, bactéria e fungo, como etapas essenciais de evolução do ser. Portanto, são formas biológicas fundamentais para o despertamento do ser pós-monádico.

Poderíamos resumir isso tudo como impacto do amor divino sobre a natureza em geral, incluindo seres humanos, e cada qual em seu respectivo estágio evolutivo, mas de toda forma todos interagindo entre si, uns sendo mais impactados que outros, conforme o grau de dureza ou primariedade íntima. Quanto mais densa a matéria e a alma, maior será o impacto sentido.

Pergunta: Temos acompanhado o momento de pandemia por que passa o planeta, causada pelo novo coronavírus ou Covid-19. O que significa essa pandemia para a humanidade atual e o que o ser humano deve fazer para sair dessa crise?

Ramatís – O planeta já iniciou sua guinada transformadora para um novo tempo de consciência e vivência do amor fraterno. Entretanto, há ainda a predominância de imperfeições, maldades, apego a vícios passados e toda uma série de imersões em sentimentos de orgulho, vaidade e egoísmo que ainda assolam grande parte da população terrena, pesando a aura da Terra. Essa aura densa favorece ao aparecimento e proliferação de novos vírus e outros micro-organismos gerados a partir desse campo extrafísico.

Existe uma economia no Universo, composta por balanços contábeis cósmicos periódicos. E, nesse contexto, é preciso se "ler" uma mensagem no campo áurico da Terra: os tempos são chegados! Esse aviso demanda por urgente modificação no seu padrão vibratório. Já se passaram milhares de anos em que vieram avatares, espíritos superiores e seres sábios e bondosos, como Confúcio, Buda, Jesus, Francisco de Assis e outros, trazendo mensagens e exemplos para serem exercitados pela humanidade. Mas apenas uma parcela pequena da população absorveu tais ensinamentos, e um grupo menor ainda as têm praticado. Os outros planetas do Sistema Solar, o próprio Sol, assim como as constelações e galáxias, também possuem um tempo e são impulsionados pela força propulsora da evolução rumo à Luz Central da Vida. E já foi dado bastante tempo aos habitantes da Terra. Este planeta precisa seguir seu rumo para uma nova etapa evolucionária.

O saneamento planetário será inevitável para que neste orbe se construam novos padrões de vida, apoiados na ética e no amor universal. As próprias atitudes da maioria dos seres humanos, ao longo de décadas, séculos e milhares de anos, vão pesando a aura planetária, reforçadas pelas posturas mentais e de sentimentos egoístas e violentos, conforme já enfatizamos, que acabam por desequilibrar o campo etérico e astral planetário, criando uma crosta escura, densa e pegajosa nesses planos e, por conseguinte, facilitando a proliferação de bactérias e vírus. E nesse ambiente o Covid-19 se instalou e se expandiu rapidamente.

Quando numa casa se acumulam muitos resíduos de alimentos, naturalmente tende a surgir diversos tipos de insetos para consumi-los, como baratas, moscas, mosquitos ou mesmo ratos e outros micro-organismos, levando muitas pessoas a fazerem dedetização e desratização para eliminar ou controlar a proliferação desses animais. Essas infestações são mecanismos naturais de atração e representam a postura resiliente da natureza em busca do equilíbrio ambiental.

Se os seres humanos produzem formas-pensamentos e formas-sentimentos densos e residuais, criam um ambiente propício para a geração de miasmas no campo astral e etérico, e, por conseguinte, estes acabam por se materializar no campo físico, pois assim funcionam as interações sistêmicas entre os planos sutis e mais densos da vida planetária, atraindo micro-organismos para consumir o que vêm do Astral e do Éter, e portanto vírus e bactérias. E assim funciona a natureza, sempre buscando seu equilíbrio por meio de mecanismos resilientes.

O vírus é um parasita, ou seja, para viver se utiliza da energia vital, de células e de minerais dos organismos vivos. Atitudes, pensamentos e sentimentos humanos caracterizados por posturas parasitárias atraem uma maior ou menor quantidade de vírus, proporcional à postura mais ou menos intensa em vibrações parasitárias por parte de cada pessoa, do conjunto de pessoas e de toda uma coletividade. E, quanto mais desequilibrado o campo mental-emocional e fisiológico da pessoa se encontrar, mais estará suscetível a se contaminar e a reagir com sintomas de debilitação, podendo chegar à falência física.

O sistema imunológico físico decorre do sistema imunológico espiritual. Os que resistem ao vírus, às vezes sendo contaminados mas não manifestando sintomas, demonstram que estão com bom grau de resistência orgânica, mental e áurica, o que não quer dizer necessariamente que sejam pessoas optantes do lado do bem, pois há pessoas maldosas que possuem a mente forte, o que de certo modo as protege contra os vírus. Contudo, não será por muito tempo, pois chegará um momento em que a mente precisará de bons sentimentos para se sustentar no longo prazo, face a mecanismos existenciais e a princípios atinentes a leis que regem a evolução dos seres – para a evolução se processar de modo equilibrado precisará da mente e do coração equilibrados.

Ora, considerando que vírus tem características parasitárias, é natural e automático que esse processo de atração e intercâmbio energético-vibratório carregado de miasmas promova a geração desses micro-organismos, os quais são reflexos de mentes e corações humanos que sobrevivem alimentando posturas parasitárias, isto é, são almas encarnadas e desencarnadas que se apoiam sugando ou "pisando" nos outros, roubando ou explorando bens, conhecimentos, sentimentos e energias, agindo de forma egoística em relação ao próximo.

A obsessão que assola o planeta é um tipo de escravatura e exploração (de encarnado para encarnado, de desencarnado para encarnado, e de desencarnado para outro desencarnado). É também um exemplo de parasitismo energético, coberta de cobranças alimentadas pela ausência de perdão, mediante posturas orgulhosas e incapazes de cultivar a compreensão, a paciência, a compaixão e a doação incondicional. Aliás, são esses sentimentos nobres que se espera que sejam exercitados neste momento de disseminação viral por que passa a Terra.

Mas o que se vê atualmente são relações e lideranças que exploram umas as outras, seja entre membros de uma mesma família, entre amigos, conhecidos, colegas de profissão, seja nas relações comerciais, políticas ou mesmo entre nações abastadas que exploram as nações mais frágeis. Essas relações de poder pela ganância, egoísmo e arrogância precisam ser extirpada do planeta, pois enquanto existirem novos vírus irão surgir, bem como eventos que mobilizem a sua humanidade a repensar e a mudar de atitude e, por conseguinte, de padrão vibratório.

Assim sendo, para combater esse vírus é necessário exercitar o altruísmo, o sentimento fraterno de doação sem nada pedir em troca, ou seja, apenas dispor-se a servir. Por isso, este momento na Terra está impelindo as pessoas a se doarem umas às outras de forma incondicional, ofertando alimentos, materiais de limpeza, de proteção à saúde e outros gêneros de primeiras necessidades. Mais que isso, o momento requer palavras de reconforto e de otimismo entre as pessoas, de emanar energias positivas, de emitir palavras carregadas de vibrações de esperança, fé e paciência. É momento de prece e meditação, de interiorização em busca do autoconhecimento, e de finalmente dar início à verdadeira transformação de sentimentos, da maneira de pensar e agir. Este é um momento de exercício de intercâmbio fraterno intergeracional, em que jovens são levados a se resguardar para que os mais idosos ou de saúde delicada não se contaminem.

É momento para que todos busquem se conter, ficando em casa para evitar a disseminação desse micro-organismo, e otimizem o tempo disponível para melhorar as relações com os mais próximos, entre os que estão confinados num mesmo ambiente, pois, se ficaram juntos, é porque precisavam melhorar a qualidade das relações, incluindo a de si mesmo, via mergulho interior. Lembremos da máxima de Jesus que nos ensinava a amar ao próximo como a nós mesmos e a Deus sobre todas as coisas, uma vez que não se ama aquilo que não se conhece.

Portanto, é preciso que este momento de reclusão propicie a cada um conhecer-se mais e mais, na intimidade, sem o que não será possível proceder transformações interiores. Que os mais próximos possam trabalhar as barreiras do orgulho, da vaidade e do egoísmo, de modo que o amor verdadeiro possa expandir-se entre si. Que se possa manifestar a fé em dias melhores, e na existência das leis da ética, da justiça e do amor universal. Que se agradeça a Deus pela própria existência como espírito, como ser encarnado. E que essa gratidão possa ainda se manifestar pelo esforço interior sincero rumo ao autoconhecimento e à autotransformação.

Nestes tempos de confinamento, este é um importante exercício que cada um deve fazer por si pelo próximo, oportunidade divina para que o terrícola tome consciência e cultive o respeito aos seus semelhantes, exercite a solidariedade e o ato de ajudar fraternalmente. Essa ambiência favorece a que sejam plantadas sementes da nova era planetária calcada na consciência expandida e no amor dentre os irmãos da família terrena, pois a Terra caminha nessa direção.

A Espiritualidade não se cansa de alertar que o planeta precisa avançar para um novo patamar espiritual. Contudo, corações endurecidos e mentes fechadas à ampliação de novos horizontes somente contribuem para que ocorra a intensificação dos processos de saneamento, com o aparecimento de outros vírus condizentes com os miasmas e padrões mentais-emocionais de grande parte da civilização. E mais ainda: poderão ocorrer com mais frequência novos eventos geofísicos e climáticos, com muitos choques mentais-emocionais e reflexos no campo interior de cada um, a fim de que sejam promovidas profundas transformações espirituais no seio da humanidade.

Pergunta: Bastante esclarecedora e ampla essa explanação à questão anterior. Entretanto, gostaríamos de comentar o seguinte: dissestes que devemos amar a todos os seres da existência, pois são criações divinas em busca da evolução. Todavia, como amar um coronavírus que tem causado tantos danos à humanidade, à economia, às estruturas sociais?

Ramatís – Talvez alguns pontos do texto anterior não tenham ficado suficientemente claros. Frisamos, mais uma vez, que todo ser tem direito à evolução, inclusive os vírus que foram atraídos pela própria humanidade terrena com o intuito de ajudá-la no consumo dos miasmas gerados por suas mentes e corações, distantes do amor fraternal e carregados de posturas parasitárias, em que uns exploram os outros no campo social e econômico. Em outras palavras, o vírus é na verdade uma dádiva divina, sem o qual as pessoas não revisariam mecanismos da economia e de uma sociedade em que há exclusões sociais: uns arrogantes se comprazendo sadicamente por explorar e ver o sofrimento do outro, e, acima de tudo, onde há escravização do ser humano ao consumismo e ao supérfluo, à luxuria, a uma competição voraz que exclui os menos competitivos. Uma sociedade que em grande parte não abre os braços para incluir os mais frágeis, mental e emocionalmente, ou que não acolhe os necessitados e desequilibrados de toda sorte.

Em síntese, o vírus veio para auxiliar o ser humano a repensar sua forma de viver, calcada no egoísmo, na vaidade e no orgulho. Existem processos cármicos, é verdade, mas esta Lei Cósmica precisa ser compreendida como um suporte à transformação interior e, por conseguinte, da coletividade humana, e não como fonte de "castigo" e cobrança "olho por olho, dente por dente". Por isso existe o perdão e a abertura de oportunidades para se recomeçar uma nova vida, com novas posturas mentais-emocionais e de atitudes. A propósito, Deus é exemplo vivo da dádiva de estar eternamente perdoando e dando oportunidades para o ser humano recomeçar, seja no acordar a cada dia, seja no renascimento via uma nova reencarnação.

Com isso, não é necessário "amar" o vírus, mas pelo menos entender o propósito de sua existência e agradecer ao Pai, sem o que a humanidade não pararia na sua desenfreada corrida rumo ao trabalho intensivo e exaustivo para ganhar dinheiro e sobreviver ou conquistar poder e mais bens. O tempo não pode ser consumido apenas na busca da sobrevivência e sustentabilidade econômica. É preciso que ele seja melhor dividido, para que haja momentos com a família e os amigos, ao serviço fraterno de ajuda ao próximo e à busca do autoconhecimento e da transformação íntima.

Pergunta: Mas é válido se buscar fórmulas para combater o vírus, como uma vacina e outros mecanismos, a fim de fornecer uma melhor saúde para a sociedade?

Ramatís – Sem dúvida. A ciência médica e biomédica deve pesquisar e buscar meios para controlar a pandemia, criando vacinas e procedimentos que melhor controlem a expansão do vírus, recuperando a saúde e evitando novos casos. Todo esforço para amenizar a dor humana é meritório e deve ser realizado. Mas os governos também devem aprimorar e universalizar seus sistemas de atendimento, o saneamento básico e outras medidas que deveriam se basear em práticas humanitárias e humanistas, bem como a busca de condições para que todos tenham uma melhor qualidade de vida. Contudo, se o aprendizado propiciado pelo novo coronavírus não for aproveitado de modo eficaz, rumo a reflexões sobre o sentido da vida e a forma de vida do terrícola, certamente logo virão outros micro-organismos até mais agressivos e mais e mais eventos que levarão, mais cedo ou mais a tarde, a civilização terráquea a parar com o sistema de vida em curso e frear os padrões egoísticos e arrogantes de vida. E então uma ruptura maior será inevitável.

Sem dúvida, ao longo de sua História, a humanidade tem avançado no campo científico, nas leis do direito, em conhecimento, tecnologia e na qualidade de vida. Mas há muito o que progredir ainda, e principalmente na essência, no que poderíamos chamar de princípios crísticos e fraternos de vida.

A ciência vive uma luta atroz e infindável para eliminar doenças antigas e combater as novas, que nunca acabarão de surgir e de serem mais complexas, à medida em que o ser humano não mudar sua essência, saindo de padrões egoísticos e orgulhosos para sistemas de vida apoiados na consciência expandida e no amor universal. A ciência cria novos aparelhos, equipamentos, procedimentos diagnósticos, terapêuticos, preventivos e medicamentosos, e isso é válido e louvável. As pesquisas e avanços atuais no campo da genética e nanotecnologias são fabulosos e já sinalizam para os novos tempos aquarianos. Todavia, essa luta atroz e infindável continuará a existir e sua intensificação ou redução será proporcional à busca de mudanças na raiz dos problemas: no mundo interior de cada um e na forma de viver coletivamente apoiado no amor crístico.

Pergunta: E no caso de pessoas da área de saúde, nos hospitais, UTIs, enfim aqueles que estão tendo contato direto com os infectados, não há pessoas bem equilibradas e do bem nesse meio e que estão servindo amoravelmente em ajuda aos doentes? E por que estariam sendo afetadas e até morrendo pelo vírus, se afirmastes que somente pessoas fragilizadas no campo mental-emocional e fisiológico estariam sujeitas à infecção e mesmo a morrer?

Ramatís – Sim, há muitas pessoas de boa índole e com amor no coração trabalhando em prol do próximo. Muitos desses médicos, enfermeiros, auxiliares de enfermagem e vários trabalhadores que atuam anonimamente em prol da coletividade são sensíveis, têm suas fragilidades inerentes a qualquer ser humano em evolução, o que não os impede de serem do bem. E por estarem fragilizados emocionalmente acabam sendo infectados. Os que estão com o sistema imunológico mais fortalecidos resistem, outros sucumbem.

Há casos de pessoas, incluindo aquelas ligadas ao setor de Saúde que, mesmo dispondo de bom equilíbrio mental-emocional e espiritual, e, portanto, com o sistema imunológico com boa resistência, acabaram por serem contaminadas e mesmo desencarnando. Quando chega a hora, segundo as previsões cármicas e o tempo da pessoa no mundo físico, não há como segurar sua partida, pois os planos maiores vêm do Alto. E há situações em que, sendo humanos em evolução, têm suas imperfeições, isto é, não são 100 por cento imune a passar por fragilidades íntimas em certos momentos, o que lhes faz baixar o sistema imunológico espiritual e fisiológico, tornando-os passíveis de contaminação.

Contudo, nada disso anula o bom serviço e a dedicação que possuem em prol do próximo. Aliás, muitos destes que desencarnaram, assim como muitos dos pacientes que partiram para a outra vida ou que têm sofrido com a atual pandemia, têm recebido auxílio espiritual dos servidores do Cristo, trabalhadores encarnados e desencarnados. Nenhum filho do Pai será abandonado por Ele e cada qual passará pelo que precisar vivenciar, como meio de amadurecimento íntimo.

Pergunta – Saindo da temática dos vírus e abordando outros seres vivos, temos percebido, ao longo da vida, que seres humanos se aprimoram, em termos de sensibilidade e expansão do amor, ao se relacionarem com os animais. Poder-nos-ia explicar por que há pessoas que não gostam de animais, entretanto são bastante sensíveis? Normalmente a pessoa que evolui em sentimento não passa automaticamente a amar os animais?

Ramatís – Sim, à medida que o ser humano evolui, ele igualmente amplia sua capacidade de amar os animais. Ao se pensar que existem anjos, no caso os devas, que são pacientes, dedicados e amoráveis cuidadores de animais, pode-se ter uma pequena noção da dimensão desse amor. Há casos de pessoas que tiveram traumas em vidas passadas, relacionados com animais, e por isso o subconsciente delas reage com medo ou resistência de aproximação afetiva aos animais. Há outros casos, ainda, de pessoas que estão em fase de expansão de seus sentimentos e trazem uma história encarnatória em que os animais para elas eram meros instrumentos de frieza utilitária, servindo-lhes de repasto, de transporte ou de alvos para caça. Assim, para que transformem essa natureza bruta em energias mais sensíveis e com uma consciência mais fortemente permeada por sentimentos, nascem com determinada configuração cósmica (encaixadas em determinados arranjos astrológicos).

Muitas vezes são almas que trazem bom avanço intelectual, mas presas ainda ao egoísmo e à materialidade. Então, determinadas encarnações, com arranjos, por exemplo, com signo solar e ascendente em configurações astrológicas que possuem como elemento a água, além de outros aspectos com forte influência da Lua, fazem essas pessoas despertarem mais o sentimento. Obviamente que só isso não basta, há que existir toda uma ambiência humana no entorno que os favoreça a esse despertamento. Somam-se a isso situações que a bondade divina colocará em seus caminhos e os reflexos cármicos, posto que, mesmo com sua espontânea frieza ou afastamento em relação aos animais, tenderão a se relacionar com eles de maneira que possam despertar e ampliar o amor por esses irmãos inferiores.

Pergunta: E podem ocorrer situações em que a alma, tão apegada a uma relação bruta ou fria para com os animais, continua a resistir ao avanço do sentimento em relação a eles?

Ramatís – Sim, e isso é até muito comum na Terra. Pessoas que encarnam para ser veterinários ou biólogos e estudar, cuidar e ter forte relação com animais, mas que resistem em abrir seus corações a eles. Todavia, os casos mais comuns ocorrem com zootécnicos, que estudam exatamente visando ao utilitarismo científico e à relação primitiva de preparar seus irmãos inferiores, por meio da pecuária, por exemplo, para depois servirem como repasto humano e estenderem por mais tempo a dependência humana aos instintos inferiores da alimentação carnívora.

Pergunta: O aumento da população que cria pets *ou animais de estimação, como gatos e cachorros, é um reflexo da expansão do amor aos animais? E de que maneira ocorre essa expansão, em termos energéticos?*

Ramatís – Sem dúvida, e o contato afetivo de animais com seres humanos favorece uma simbiose energética, troca de carinho mútuo, levando a que ambos, seres humanos e animais, expandam a sensibilidade e a inteligência emocional. Quando o espírito angelical de Francisco de Assis esteve na Terra, em sua última encarnação, demonstrou suas atitudes amorosas para com os animais e deixou uma forte imantação no planeta em relação ao cuidado e amor que os seres humanos deveriam, devem e deverão ter com os animais. Mesmo os animais mais selvagens eram mobilizados a se tornarem mansos na presença ou aproximação dele, e o mesmo ocorria ao Mestre dos Mestres quando esteve encarnado há dois mil anos. Quando uma pessoa emana amor, esse sentimento ajuda na evolução dos mais primitivos, e estes, por sua vez, devem tocar o coração dos humanos por meio de sua beleza natural, sua função no ecossistema e a disposição deles em aceitar ou dar carinho, aprimorando a sensibilidade e a consciência dos seres humanos.

Pergunta: Esse comentário dá a impressão de que há uma relação entre sentimento e consciência. Como isso se processa?

Ramatís – Sim, existe essa interação e ela é indispensável, pois a evolução se processa apoiada na razão e no sentimento de forma integrada, um dependendo do outro para que ocorra uma ascese espiritual equilibrada. Figurativamente falando, as duas asas dos anjos simbolizam o *sentimento* e a *razão*, que permitem ao ser alçar seus voos de ascese espiritual (se uma das asas tiver mais energia que outra, o voo não acontece, face ao desequilíbrio de forças), e tendo o corpo no meio como instrumento de realização no mundo das formas, refletindo a natureza prática. E assim, se verifica a expressão da trindade, ou das três formas de manifestação da divindade – *criação*, *manutenção* e *transformação* ou polaridade energética positiva, neutra e negativa, ou ainda, lado esquerdo, central e direito do cérebro nos seres humanos. Existe a inteligência dos sentimentos, assim como o sentimento da consciência, e a tendência é que essas energias estejam fundidas na alma que se encontra em estágios avançados de evolução.

Pergunta: O ser humano, em suas primeiras encarnações, traz forte influência instintiva dos tempos em que encarnava como animal. O que ocorrerá em suas experiências encarnatórias a partir de então, para que vá aprimorando sua sensibilidade?

Ramatís – Conforme foi abordado anteriormente, não há

como desconectar sentimento de razão; ambos seguirão impulsionando a evolução dos seres humanos. Ocorrem casos, a maioria, em que o ser avança mais pelo campo intelectual do que pelo sentimento. Mas também há pessoas que se deixam impulsionar mais pelo campo do sentimento do que pela razão. Não à toa as almas nascem com a polaridade masculina e feminina, em sua fase monádica, de forma integrada ou agregada, e ao longo das experiências encarnatórias acabam por desenvolver mais um aspecto do que o outro. E então, chega um tempo em que a evolução fica quase estacionada até que o ser recupere a parte faltante, a fim de que alcance o equilíbrio necessário ao voo da ascese espiritual.

Logo que sai do reino animal, o ser trará forte impulso instintivo. A expansão do instinto no período animal foi importantíssima para gerar amadurecimento no campo intelectual e da percepção, bem como para dar os primeiros passos em direção à sensibilização. E ambas as expressões (*razão* e *sentimento*), pode-se afirmar que são expressões de amor, e que os instintos, como impulsos rudimentares dessas expressões, são portanto manifestações rudes do amor ainda "acordando" do sono letárgico dos tempos monádicos, da época em que se desprendeu do amor-consciência divino, rumo ao próprio despertamento, rumo à sua individuação. Quando o ser retornar ao religamento com Deus, retornará com amor e consciência expandidos e, assim, estará ajudando na expansão cósmica da consciência-amor-divino.

O percurso do ser até o estágio arcangelical de reunião com Deus será longo. Quando adentra o reino humano, traz grande concentração individual do amor ainda em forma instintiva e, certamente, demorará um bom tempo até que vá transformando cada "célula" energética instintiva em amor-razão, amor-sentimento e, também, em amor-realização, fechando assim o equilíbrio da trindade. Na verdade, em suas primeiras incursões à carne, a alma humana, face à necessidade de sobrevivência, trazia o impulso de sobrevivência e de procriação bastante acentuados e, por isso, saía em busca de meios para satisfazer suas necessidades básicas, como alimentar-se por exemplo. Essa busca iria despertar e expandir o sentimento, quando seu instinto o direcionava à busca de alimentos para a prole, e então estimularia a expansão da inteligência. O contato com sua prole vai estimular a expansão do sentimento.

Há uma tendência do ser humano se surpreender, se admirar e valorizar as realizações apoiadas no intelecto, pois a habilidade intelectual é peça-chave na busca de soluções de alimento e segurança. Aliás, essa valorização ainda é predominante na Terra. O sentimento vem atrás, num ritmo mais lento de expansão e normalmente expresso pelo lado feminino, pois é quem serve de veículo por nove meses para carregar uma nova vida encarnante, e depois para sustentar essa vida, alimentá-la, cuidá-la e então criar um elo mais forte de troca de sentimentos de carinho e proteção. O lado masculino vem num segundo momento, e igualmente terá a oportunidade de expandir seu sentimento quando busca a proteção da prole, defendendo-a contra os ataques externos e encontrando meios de organização do grupo. Ambos serão levados a expandir o intelecto; todavia, pelo espírito aventureiro e de caça do homem, o intelecto será mais treinado e expandido, bem como seu impulso de praticidade. A mulher, por ficar mais próxima da prole e de seus cuidados, tenderá a expandir mais o sentimento.

Com o passar dos milênios, a tendência é que ocorra um processo de aproximação de ambas as naturezas. Por um lado, porque almas femininas encarnavam em corpos masculinos e vice-versa, além do que, com o progresso da civilização, bem como com os avanços no campo do direito e da democracia (com homens e mulheres possuindo oportunidades "quase" iguais em alguns países, iguais em outros e desiguais na maioria), a tendência é pelo maior equilíbrio das almas com razão, sentimento e senso prático. Contudo, na grande maioria dos seres humanos terráqueos, ainda existe desequilíbrios acentuados e com predominância do campo intelectual.

O progresso espiritual, para que se reequilibre, demanda uma maior expansão do sentimento. A Era de Peixes, que coincide com os dois mil anos da vinda de Jesus ao mundo material da Terra e da permanência de sua energia imantando o orbe, é parte desse plano cósmico. Todavia, apesar de seu esforço de descida à carne não ter sido em vão, o impacto do seu amor nas almas humanas ocorreu mais do ponto de vista energético e menos no sentido da compreensão e internalização verdadeira do que Ele intencionou deixar, ficando os terrícolas, em sua maioria, aquém do esperado. E exatamente por isso o Mestre continua em incansável trabalho no orbe terreno.

Muito se cresceu em intelecto, em ciência e tecnologia, nas artes, no bem-estar, mas o campo do sentimento ainda está preso demasiadamente às emoções e aos instintos, e o intelecto acaba por ser o instrumento para viabilizar a retroalimentação dessas emoções e instintos. Ora, o ser, para chegar ao topo, precisa esforçar-se em subir e se desprender das formas básicas e instintivas de vida. Sem dúvida, essa subida não pode ser por impulso, mas com consciência e vontade própria, respeitando-se o livre-arbítrio de cada um. A chegada da Era de Aquário não significa um mergulho no campo da razão, pois se assim for, de forma indiscriminada, o planeta continuará no ritmo predominante atual de conduzir seu intelecto para satisfazer impulsos instintivos e emoções corriqueiras – obviamente com melhorias no campo da civilidade, no caso dos países socialmente mais desenvolvidos.

Pergunta: Poder-nos-ia dar mais explicações sobre essa questão da expansão da razão ou do mentalismo na Era de Aquário, se, ao mesmo tempo, o irmão fala da necessidade de se dar mais firmeza na fixação dos princípios de amor esposados desde há dois mil anos?

Ramatís – O novo período planetário terreno precisa apoiar-se no sentimento cristão, visando a uma humanidade alicerçada pela fraternidade única; mais que isso, no sentimento crístico, com visão cósmica e de expansão da família consanguínea para a família terráquea e universal. Isso significa internalizar de fato os ensinamentos exemplificados por Jesus, mas ao mesmo tempo absorver também o que os sábios orientais deixaram no planeta: Buda, Lao-Tsé, Confúcio e outros amoráveis irmãos que, falando de amor-consciência, se apoiaram muito na necessidade de expansão da compreensão e sabedoria. E assim, se cada terrícola absorvesse os ensinamentos do Oriente e de Jesus, certamente estaria mais aprumado na caminhada espiritual rumo à Luz Maior. Contudo, nunca é tarde para se começar ou para dar prosseguimento à caminhada espiritual, de maneira mais consistente e consciente.

A Era de Aquário de fato será uma Era do Mentalismo, e precisará apoiar-se no amor-sentimento para construir o edifício do amor-consciência, já dentro dos padrões energéticos caracterizados por esse novo tempo, em que não haverá predominância da razão (orientada para fins materialistas, instintivos e emocionais) que até hoje se tem vivenciado no planeta, mas pela mente-intuição e com foco num sentido espiritual da vida, em que o material terá mais progresso ainda, porém apoiado em princípios do amor cósmico. E esses sinais já se fazem perceber nos quatro cantos do planeta, com almas já imbuídas no propósito de construir esse novo período, hoje ainda representando um percentual pequeno, se comparado à população planetária.

Pergunta: Como esperar que o amor se impregne de vez na Terra, se cada vez que andamos pelos lugares ou lemos e assistimos aos jornais nos deparamos com violência, egoísmo, arrogância, vaidades, vícios e explosão dos instintos de forma irresponsável? Como crer nesse novo tempo em meio a um planeta ainda perdido em suas próprias mazelas? E mais ainda, num Brasil mergulhado em corrupção e desordem, quando exatamente se fala de ser ele o Coração do Mundo e a Pátria do Evangelho, como a sede espiritual da Nova Era?

Ramatís – Numa primeira análise da realidade atual, de fato, torna-se difícil crer nessa possibilidade. Porém, convidamos todos os irmãos que creem no amor crístico a que se desprendam de suas análises puramente racionais (que não devem ser desprezadas) e agreguem a sensibilidade e a percepção intuitiva para compreender e sentir o momento catártico em que se encontra Terra. E, quanto ao Brasil, não se pode implantar as bases do novo tempo planetário em uma nação com suas estruturas éticas "podres", sob pena do edifício ruir. Ou seja, é preciso que ocorra uma limpeza ética profunda e abrangente. Como toda reforma, paredes inteiras podem ser derrubadas, pisos quebrados, cobertura demolida, surgindo poeira, mal-estar e incômodo. E há muitos que não acreditam que ali será reerguido um novo edifício, com base num desenho arquitetônico novo e uma orientação de engenharia diferente, inovadora.

É visível o avanço na produção, no processamento, no comércio e no consumo de drogas de toda natureza, na polarização de posturas orgulhosas e egoísticas no setor político de vários países, movimentos terroristas, exclusão social abundante dentro de muitas nações da América Latina e Ásia, e dentro de praticamente toda uma nação como ocorre em vários lugares da África. A violência se expandindo nos quatro cantos do planeta, e a Europa e América do Norte (o Japão possui proteção natural por ser ilha isolada) criando mecanismos para evitar a imigração ou chegada de populações inteiras em processo de êxodo. Enfim, a desordem se instalou e vai se ampliar na Terra. Somar-se-ão a essas questões, problemas maiores relacionados com mudanças climáticas e seus efeitos mais acentuados na produção de alimentos, falta de água, vulcões, terremotos, *tsunamis*, furacões e ciclones que serão cada vez mais frequentes. A Terra não desaparecerá, mas sofrerá muitos danos. O suficiente para demandar uma profunda reforma. E essa reforma não será apenas de caráter material, mas íntimo. Os choques existenciais serão inevitáveis.

Por estar vivenciando um caminho natural de evolução, sem intervenções superiores acentuadas (exceto nos momentos-chave de enxertias espirituais nos tempos primordiais do planeta e na época dos atlantes), a Terra é como se fosse um corpo doente que precisa chegar ao seu limite de proliferação das "bactérias" físico-mentais causadoras do desequilíbrio, para que se inicie o processo de cura. O choque e a dor terão papéis cruciais no impacto causador da grande transformação íntima de cada alma, pois esse é o objetivo principal. Após a descida de sábios e mestres espirituais, tendo em Jesus o maior médium do Cristo Planetário, com seus exemplos de amor incondicional, a população terrena, em sua maioria, resistiu à internalização desse amor, por aprisionamento às mazelas do orgulho, egoísmo, vaidade e paixões inferiores. E ainda a grande maioria dos terrícolas resistirá, apesar de todos os acontecimentos e de tudo o que o planeta vem passando. Por isso, serão levados por forças superiores a habitar outro orbe planetário, condizente com seus interesses e vibrações.

Pergunta: E quando isso de fato acontecerá?

Ramatís – É preciso cultivar a paciência no que se refere aos fluxos naturais do Universo e fé nos desígnios superiores. A Terra está predestinada a ser o paraíso a que o Mestre se referiu, e não apenas no seu plano astral, mas também no campo físico. E isso demandará tempo. Os efeitos físico-químicos, em nível atômico e subatômico, já foram desencadeados em grande parte nos planos e dimensões mais sutis, pois tudo está imerso num complexo e grande sistema cósmico, que escapa à compreensão da quase totalidade dos terrícolas. Existe um retardamento de tempo entre planos e dimensões mais sutis, até seus impactos chegarem aos planos e dimensões mais densas. Além disso, para um habitante da Terra, esperar por cinco, dez ou 20 anos pode significar um longo tempo; contudo, para os que habitam as zonas mais sutis, isso é um piscar de olhos.

E esse será o espaço de tempo sujeito a "efeito sanfona" dos mecanismos atômicos passíveis de flexibilizações ou ajustes. Mas não há como flexibilizar além dos limites suportáveis, sob risco de haver rompimento das estruturas flexíveis e ocorrerem danos ainda maiores. Somente arcanjos e anjos acessam informações relativas ao momento exato do grande desencadeamento de efeitos geofísicos e climáticos. Alguns espíritos superiores pressentem esse momento e a eles foram confidenciados alguns dados, mas, por cautela, evitam falar e apenas comentam de forma generalizada, conforme estamos informando. Esse período de transição começou desde a década de 1950 e se estenderá ainda por alguns anos. O período mais intenso de mudanças deverá demorar várias décadas e somente por volta do ano 2150 a 2200 o planeta começará a encontrar certa estabilidade. A partir de então, a estruturar-se de forma mais consistente nas novas bases aquarianas.

Não queremos criar pânico; isso não seria construtivo. Aliás, as pessoas precisam se apoiar na fé, na sensatez, serenidade e esperança num novo tempo. Quem acredita na eternidade do espírito não precisa se apegar ao material, nem ao próprio corpo, pois a vida continua. Então, não importa o que venha a ocorrer. De qualquer modo, o planeta Terra está chegando ao limite de sua doença físico-espiritual, e torna-se premente a intervenção superior para que danos maiores não sejam causados e perenizados, em razão das mentes e corações distorcidos e apoiados no orgulho, na vaidade, no egoísmo e nos instintos desenfreados. O Sistema Solar, em face dos planos cósmicos, precisa passar para um outro patamar evolutivo, e os demais planetas[3] não podem retardar seu processo por estarem presos a um planeta retardatário. Por isso, há esforços fraternos conjuntos de todos em auxílio à Terra, hoje e mais intensamente num futuro próximo.

Pergunta: Como compreender o que foi dito por Jesus: "o amor cobre a multidão das imperfeições humanas", expressão que introduz esta obra?

Ramatís – Nenhum filho de Deus foi, é ou será esquecido por Ele. Cada qual terá a ajuda e as oportunidades de que necessita para seu despertamento e expansão consciencial e de sua capacidade de amar. Contudo, o livre-arbítrio de cada um será sempre respeitado. Cada alma receberá o amor divino e Sua ajuda proporcional ao nível evolutivo em que se encontra, por intermédio de servidores do Pai: anjos, espíritos-guias, amigos de jornada, familiares consanguíneos e desconhecidos que surgirão no meio do caminho, inclusive pela manifestação dos elementos e seres da natureza. Almas primárias, em início de jornada, receberão a ajuda de que necessitam em forma mais grosseira, condizente com o estágio evolutivo em que se encontram. À proporção que evoluem, irão recebendo o auxílio e oportunidades de jornada em nível crescentemente avançado, e assim sucessivamente.

A Lei do Carma é um mecanismo cósmico de amor que

[3] Para efeito de melhor compreensão deste tema, recomendamos a leitura do livro *Missão Planetária*, **EDITORA DO CONHECIMENTO**, onde se encontram informações importantes relativas à vida em dimensões físicas mais sutis, existentes nos vários planetas do Sistema Solar.

auxilia a alma a amadurecer, por meio da dor e do sofrimento, pois facilita a tomada de consciência por atos realizados de forma impensada, impulsiva ou em desacordo com os princípios do amor universal. À medida que o tempo passa e a alma vai ganhando experiências de vida, ampliando sua capacidade intelectual, espera-se que amadureça também em sensibilidade, em amor. Desse modo, quanto mais dura for a alma, resistindo com seu orgulho, egoísmo e apego às paixões inferiores, mais dor e sofrimento sentirá no seu íntimo. Quanto mais permeável aos ensinamentos superiores, mais estará sintonizada com o fluxo impulsionador do progresso espiritual, mais evoluirá e mais felicidade verdadeira sentirá.

Algumas almas criam verdadeiras capas energéticas protetoras de seu orgulho e egoísmo, mesmo expandindo seu intelecto, mesmo tornando-se velhas como almas, criando escravos espirituais que as servem (normalmente formados por almas ingênuas ou com pouca maturidade). São estes os magos e seres inteligentes do Astral inferior. Algumas pessoas chegam a classificá-los como anjos caídos, o que é um equívoco, pois quando o ser alcança o estágio angelical não há retornos evolutivos, não há involução.

São almas velhas que já encarnaram muito, adquiriram muita inteligência, e que, em muitos casos, acessam conhecimentos superiores (pois recebem a oportunidade de encarnar em ambientes religiosos ou com pessoas imbuídas de elevado propósito espiritual), mas não conseguem transformar as próprias mazelas íntimas, pois não empregam esforços necessários ou suficientes para vencer o orgulho e o egoísmo recrudescidos.

Alguns chegam, equivocadamente, a argumentar com arrogância que são agentes do equilíbrio das forças cósmicas, pois, para o lado do bem, positivo ou do amor, precisam fincar os pés no lado do mal ou das forças negativas. São argumentos infundados, pois as polaridades cósmicas positiva e negativa têm outra fundamentação, não significam bem ou mal. Essas almas tentam se contrapor ao influxo evolutivo inerente ao processo natural de evolução e de atração à Luz Central, de onde provêm todo o amor e consciência cósmica. Precisarão ainda amadurecer, por meio da ação da Lei do Carma, tendo ainda que amolecer o coração e deixar-se tocar pela humildade. Essas almas, mesmo encontrando-se no outro lado do amor e da consciência cósmica, também não são esquecidas pelo Pai. A ação da Lei do Carma sobre elas é um mecanismo de amor visando à retomada do caminho do bem. Certamente, existem almas bondosas a cada instante tentando abrir-lhes brechas no coração, a fim de que por elas penetrem luzes de humildade e, a partir daí, possam começar uma longa estrada de redenção.

O momento cósmico por que passa a Terra, prestes a intensificar o saneamento espiritual por meio de transformações geofísicas e climáticas, já iniciadas, e de choques existenciais que as almas vivenciarão, levará muitas a continuar resistindo ao amor fraterno e outras a se tocar e decidir por redirecionar conscientemente a rota de vida rumo ao progresso espiritual, bem como servirá de apoio essencial àquelas almas que já optaram pela direita do Pai, mas que vêm tendo dificuldades de prosseguimento no caminho, em função de forças contrárias ao amor, que a cada instante se interpõem em sua rota. Todas essas intervenções cósmicas são fruto desse amor divino cobrindo as imperfeições humanas.

Pergunta: Jesus esteve há dois mil anos trazendo exemplos do amor, para que fossem compreendidos e absorvidos pelos habitantes da Terra. Mas parece que muito pouco se avançou nesse sentido, conforme o irmão já ressaltou. No caso dos sábios que desceram no Oriente, como Lao-Tsé, Buda ou Confúcio, parece que suas mensagens tiveram mais impacto sobre a população daquela parte do planeta. Por quê?

Ramatís – Todos esses sábios, inclusive Jesus, são abnegados servidores do Pai, conscientes de suas missões espirituais num planeta relativamente atrasado, do ponto de vista espiritual, em que pesem atuais avanços tecnológicos. O plano espiritual superior sempre espera e vibra positivo para que haja os melhores resultados, mas tem plena paciência, tolerância, serenidade e compaixão quanto às limitações no campo da vontade e de decisão de transformação íntima de cada ser e da coletividade. Por esse motivo, não se surpreendem quando os impactos ficam aquém do esperado, apesar do fiel cumprimento de missão por parte desses sábios. É preciso, então, utilizar-se do discernimento para se analisar os fatos.

Por um lado, não sejamos tão pessimistas, pois no geral houve avanços, como por exemplo nas leis, na ordem social, na educação, na ciência e tecnologia, nas facilidades materiais para o ser humano, o que de certo modo ajuda na evolução espiritual. Muitas almas se deixaram tocar pelas mensagens desses sábios que desceram à Terra, o que igualmente não deixa de representar o primeiro passo para a tomada de consciência, significando avanço também. Por outro lado, raríssimas se utilizaram desse saber em direção a atitudes transformadoras no campo íntimo.

Nesse último aspecto é que a civilização terrena deixou a desejar, pois havia possibilidade de pelo menos um terço dos terráqueos haverem iniciado esse processo, fato que os deixa como aqueles alunos reprovados no período normal e que terão de se submeter à recuperação como última tentativa de aprovação. Esse período é o que os terráqueos estão vivenciando neste momento, já em transição e com intensificação de grandes mudanças prestes a ocorrer visando à construção de um novo tempo, em face da saturação energética em que a Terra se encontra.

Tanto no Ocidente, com a mensagem de Jesus, quanto no Oriente, com a mensagem daqueles sábios, a maioria das almas se utilizou dos ensinamentos deixados por eles para desvirtuá-los ou adotar apenas meia parte, naquilo que lhes interessava ou lhes interessa com fins materialistas, egoísticos ou orgulhosos. No Oriente houve uma expansão do sentido coletivo da vida, o que é um grande avanço: o respeito ao próximo, mesmo que sob pressão de leis e de olhares da sociedade (e não a partir de iniciativa de dentro da alma para fora). A disciplina individual e social é outro progresso positivo, mesmo que reprimindo as idiossincrasias ou natureza inerente a cada pessoa individualmente, pois esses ambientes servem para educar almas revoltadas e que trazem forte indisciplina no seu íntimo. Ao mesmo tempo, os países do Oriente se mostram atraídos pelo progresso material de alguns países do Ocidente e, há décadas, tentam imitá-los no consumo e produção de bens e serviços, tendo como base uma visão materialista.

Por outro lado, no Ocidente fala-se muito de amor, mas ele pouco se vivencia em sua profundidade; há um grau de liberdade maior nos indivíduos, o que lhes permite a expansão da criatividade, em que pese o excesso de individualismo, e assim sucessivamente. Há pontos positivos e negativos em cada parte do planeta e, atualmente, pelo momento cósmico que a Terra vive, há uma grande mistura de pensamentos e atitudes, em função da migração de almas, tanto chegando de fora da Terra, quanto aquelas que encarnaram muito no Oriente e agora estão encarnando no Ocidente, e vice-versa. A ideia é justamente criar um mosaico cultural, religioso e de conhecimentos visando a facilitar uma maior unidade planetária num futuro breve. A internet, a globalização no transporte de pessoas e mercadorias, as facilidades nas comunicações e o intercâmbio entre pessoas e organizações têm sido instrumentos facilitadores desse processo.

Pergunta: Por que nos países ditos mais cristãos, como os da América Latina e Leste europeu, por exemplo, onde o amor deveria estar impregnado nas mentes e atitudes, ainda se vê muita pobreza, miséria, exclusão social e exatamente falta de amor?

Ramatís – Essa situação envolve um conjunto de fatores. Existem aspectos relacionados com o carma coletivo da região, pois espanhóis e portugueses, por meio de guerras, violências e explorações de toda espécie, mataram, escravizaram ou maltrataram muitos indígenas. Há, também, o reencarne de almas bastante novas, muitas delas indígenas da própria região retornando ao corpo físico. Há outras almas, muitas delas de impulso aventureiro, mas ainda endurecidas pelo orgulho e egoísmo, pouco transformadas, egressas dos antigos países colonizadores, que então têm retornado à carne no próprio local onde exploraram e massacraram, com o objetivo de se redimirem, porém estando a maioria em grau de reprovação na escola do amor crístico. Vários países latino-americanos tiveram a colonização de europeus, receberam muitos escravos da África e todos estes se misturaram com indígenas locais. No Brasil foi onde ocorreu maior miscigenação. Houve mistura étnica, no campo biológico, mas também de almas de origens diversas, e esse "caldo" cultural e de personalidade coletiva se encontra em formação, como se esses países estivessem na adolescência e, portanto, demandando certo nível de amadurecimento coletivo.

Existem ainda fatores históricos, pois pressões internas, como guerras intensas (tais quais ocorreram na Europa ao longo de séculos e, de modo mais abrangente, nas duas grandes guerras mundiais, na Guerra Civil americana ou mesmo a humilhação coletiva sofrida pelos japoneses após as duas bombas atômicas), causaram impacto emocional e mental tão fortes que fizeram as sociedades desses países se ressentirem, com traumas coletivos, transformando-os em forças de união visando à reconstrução, sob a pressão de pesada vigilância social, que igualmente atuam como forças de coerção contra individualismos que prejudiquem o interesse comum ou do outro. O sofrimento e a violência existentes nos países latino-americanos têm se dissolvido nos enlaces cármicos de forma mais extensa ao longo do tempo.

Outro aspecto a considerar, conforme o escritor Max Weber há muitas décadas já descrevera, tem forte relação com a forma como as sociedades encaram a religião, pois esta é uma condicionante bastante influente na personalidade e na maneira de agir das pessoas e da coletividade. Onde a religião tem no seu arcabouço de crenças, o fato de que o trabalho tem um caráter determinante, como dignificador do ser humano e como mola-mestra de suas atitudes na Terra, fizeram transformar esse trabalho em melhores condições de vida material, em progresso tecnológico, melhorias econômicas e das relações sociais. Ora, onde há uma cultura apoiada na dedicação de tempo e esforço ao trabalho, associada a metas e busca de organização e melhorias no dia a dia, é natural que ocorram melhorias no mundo denso da matéria, diferente daqueles grupos ou coletividades que se dedicam ou dedicaram longas horas a diversões ou em atividades dispersivas.

Mas nem tudo deve ser olhado pelo lado negativo. Há forte religiosidade, ainda que aprisionada a visões limitadas, além de grande afeto em ebulição, nas sociedades latino-americanas. Há muitos problemas a serem solucionados no campo material, mas existe um ambiente propício ao amor, de modo mais profundo, apesar de se encontrar bem longe, ainda, do seu ponto ideal.

Assim como ocorre no corpo etérico humano, que possui chacras e subchacras, ou vórtices de energia principais e secundários, ocorre no planeta Terra, onde existem pontos similares de concentração e emanação de energias. O chacra cardíaco do planeta se encontra na região central do Brasil, mas existem subchacras a ele relacionados em outros pontos da América Latina. Se em outras regiões do planeta houve e tem havido progresso que depende do uso da mente e da vontade realizadora, a América Latina, quando esses fatores acima mencionados são mesclados, possui grande potencial para expansão dos sentimentos fraternos. Conforme já abordamos, a mente e o sentimento precisam caminhar juntos para que haja progresso espiritual. E certamente as nações que compõem o planeta Terra se encontram desequilibradas. É importante que os países que progrediram menos no campo material não alimentem inveja daqueles que avançaram, mas que busquem se organizar e desenvolver o campo mental, sem se desvirtuar naquilo que deve predominar neles, que é a natureza do sentimento mais aguçado, o que será crucial para sedimentar e ancorar de modo mais concreto as vibrações do terceiro milênio, de construção de uma sociedade mais fraterna.

Os países ricos alcançaram bom nível de progresso físico, mas carecem de componente afetivo de modo mais intenso. Cada região se encontra no seu tempo de evolução e as forças cósmicas e daqueles que cuidam do planeta se encarregarão de promover ajustes coletivos necessários para que se enraíze o verdadeiro sentido do amor crístico neste orbe, em todas as suas latitudes. Essa análise representa a maioria das almas que habitam esses países. Contudo, atualmente, e como parte do fortalecimento da unidade crístico-planetária, tem havido intensa transmigração de almas entre países e regiões do planeta Terra, de modo que se verifica, há aproximadamente 20 anos, a encarnação de almas mais sensíveis em países desenvolvidos e almas mais racionais em países latino-americanos, o que não quer dizer que estes últimos perderão a predominância de vibração do sentimento fraterno; ao contrário, tenderão a se expandir, especialmente o Brasil, como parte do projeto cósmico de tornar a Terra um local de regeneração de almas, a partir da luz crística que destas regiões do planeta brilhará mais forte.

Que os latino-americanos não percam a esperança em dias mais frutuosos num futuro não muito distante! Que não esperem apenas esses dias melhores, mas que façam sua parte, mantendo aceso o fogo da fé! Que busquem realizar o verdadeiro mergulho interior, rumo ao encontro com o Cristo que habita o mundo íntimo de cada ser, pois o tempo da adoração dos templos externos está se findando!

Quando uma pessoa, assim como sua coletividade num determinado país, alcança bom padrão de vida material, se não houver princípios espirituais já enraizados de forma consistente na intimidade do ser, haverá uma forte tendência em se buscar o acúmulo de bens e/ou a busca exclusiva de prazeres físicos, continuando-se a dar alimento à vaidade, ao orgulho, ao egoísmo e aos instintos mais grosseiros. Por isso Jesus afirmou que seria mais fácil um camelo passar pelo fundo de uma agulha que um rico entrar no reino dos céus. Na verdade, é um termo geral para a maioria daqueles que se fixam apenas nos ganhos e prazeres da vida densa da matéria, e grande parte das pessoas que habitam os países ricos se encontram imersos nessa realidade. Não estamos aqui pregando a pobreza material como objetivo de vida, pois o ser humano deve sim buscar alimentar-se, habitar um lar digno, ter suas vestimentas, enfim alcançar, por esforço próprio, conforto de vida na simplicidade, sem exageros. E isso não significa alimentar o luxo, em que pese haver aí fronteiras tênues para os menos vigilantes.

Os exemplos de Jesus, Francisco de Assis, Gandhi, Buda e muitos caminheiros da Espiritualidade Maior, viveram na simplicidade para mostrar que o ser humano não precisa de muito para ser feliz e para buscar caminhos espirituais. Desse modo, que os habitantes dos países latino-americanos não permaneçam alimentando inveja em relação aos países mais ricos, nem se afundando na baixa autoestima, mas que se esforcem em aprimorar o padrão moral e ético de seus pensamentos e atitudes. Que se esforcem por se planejar e se organizar mais, como indivíduos e coletividade, sem perder o senso amorável de suas tendências.

Os fatos previstos para as grandes transformações geofísicas e climáticas, de certo modo já em curso, com respectivos impactos sobre sistemas produtivos e economias dos vários países, promoverão ambiência propícia para que a união entre as pessoas se faça presente em novos padrões de sentimento, a começar pelos países da América Latina, especialmente no Brasil (não por acaso, se encontra nesse país o chacra cardíaco do planeta), onde décadas e séculos de expurgação cármica confluirão, ainda, para momentos de picos nesse processo, para em seguida começar o processo verdadeiramente construtivo do novo tempo.

Pergunta: Com esse cenário, quereis afirmar que o amor se instalará de fato no planeta somente após os grandes acontecimentos transformadores, em escala global?

Ramatís – A evolução é um processo e, como tal, sempre existiram esforços e caminhadas em direção ao amor e à expansão da consciência, em qualquer parte do Universo e, por conseguinte, na Terra também. Uns caminham mais atrás, outros mais à frente. Na história deste planeta, já desceram ao mundo da carne e ao orbe astral vários espíritos imbuídos do propósito de crescer em amor e consciência, e conseguiram avançar. Mas, se comparado com a população geral encarnada e desencarnada, isso representa um percentual muito aquém do ideal.

Em escala global ou mais abrangente, somente agora a Terra vivenciará momentos mais exitosos e representativos do amor fraterno, especialmente após os grandes acontecimentos transformadores no campo físico, os quais serão cruciais para impactar as mentes e corações rumo a transformações no mundo íntimo da alma. Será um processo mais ou menos rápido de despertamento, porém longo entre os primeiros passos e o firmar no propósito da autotransformação visando a padrões mínimos de fraternidade consciente, devendo demandar muitas décadas de amadurecimento.

Todavia, é importante que se comece já, ou que já se tenha começado esse processo no íntimo daqueles que têm "olhos de ver e ouvidos de ouvir", ou seja, que possuam maior sensibilidade e percepção dos fatos e dos cenários espirituais por que passa o planeta e do quão próximo estão os momentos-chave que resultarão em movimentos geofísicos e climáticos mais intensos em nível global, com sérios reflexos no campo econômico e social, além do dinamismo astronômico, em nível cósmico mais abrangente.

Ao longo da História da humanidade terrena, o egoísmo, o orgulho e a vaidade do ser humano, com seus respectivos desdobramentos no campo mental-emocional e comportamental, especialmente de muitos líderes políticos, intelectuais, culturais e até religiosos (estes últimos, que se aprisionaram por dogmas, fanatismos e visões curtas do mundo espiritual), avalizados por massas populacionais suscetíveis a manipulações, têm sido e ainda serão os maiores agentes ativadores dos grandes acontecimentos, somados a planejamentos cósmicos em nível mais macro, os quais inserem a Terra nesse contexto, como parte de um sistema astronômico em contínuo movimento evolucionista, bem como ao dinamismo do próprio planeta que é um ser em evolução também e que, por isso, passa por transformações inerentes a esse impulso em direção à Luz Central.

Pergunta: Poder-nos-ia definir o que é o amor?

Ramatís – Poderia vos expressar centenas de enunciados sobre o que é o amor, endereçados a cada grupo de almas, cada um em seu nível evolutivo de compreensão e de sentimento. Se dissermos que para um amar significa servir incondicionalmente às necessidades de evolução de uma pedra, uma montanha, florestas ou animais que compõem uma determinada paisagem terrena, muitos terráqueos certamente afirmariam que esse ato de amar seria por demais monótono e pequeno, sem perceber a grandiosidade dessa postura do anjo que amoravelmente cuida da natureza, desde a interação com cada deva que cuida de um componente dessa paisagem até aquele deva que cuida do conjunto deles e da paisagem como um componente maior e sistêmico.

Para uma ninhada de pássaros, amar será o papel do pássaro-pai de buscar alimentos para os passarinhos, e para a mãe-pássaro seria o ato de aquecê-los e protegê-los. Para seres humanos em escala evolutiva primária, amar não estaria muito longe de procriar, gerando vidas encarnadas e permitindo a continuidade da evolução, providenciar alimentos e segurança para os dependentes. Para quem já avançou um pouco mais, amar demandará atos de carinho e troca de afeto, cuidado, atenção, diálogo sincero, cumplicidade. A fraternidade sincera, doce e carinhosa vivenciada no amor entre Francisco de Assis e Clara expressa um ideal futuro para as relações pós-aquarianas da Terra. Não existe nada mais sublime do que o amor de mãe para com os filhos, ou o de pai, ou uma amizade verdadeira, sincera e incondicional.

Os guias espirituais expressam seu amor pela tolerância e paciência no tutoramento de seus pupilos encarnados, e os espíritos superiores, igualmente, têm a nobre oportunidade de orientar persistentemente e tolerar pacientemente as imperfeições de encarnados e desencarnados em estágios primários ou intermediários de evolução, ajudando-os de coração. Os anjos são verdadeiros exemplos de incondicionalidade no serviço do amor fraterno, na ajuda doce, delicada e incansavelmente persistente desde a concepção, passando pelos processos de manutenção de mundos e transformação de seres humanos nas mais variadas escalas de consciência e sentimento, em todo o Universo. Arcanjos são consciências amoráveis em si, envolvendo humanidades inteiras, sistemas solares, estrelas e galáxias com um amor inenarrável. E Deus permeia a tudo e a todos em amor, porque Ele é o Amor em Si, um amor de pura e universal consciência, de incondicionalidade, perdão e justiça igualmente cósmicas.

Pergunta: Então, quereis dizer que o amor fraterno e in-

condicional seria o ideal para os terráqueos, considerando o nível evolutivo em que nos encontramos?

Ramatís – Sim. E para chegar lá, o ser humano experimenta desde as formas mais rudes até as mais delicadas de amor, passando pelas relações interpessoais que demandam simples atenção e disposição de ouvir o outro pelo envolvimento instintivo-sexual (como manifestação primária do amor), pela expressão de afeto, num abraço, no cuidado, na amizade, cumplicidade e disposição em recuar diante do orgulho ainda endurecido, ou de ceder diante do egoísmo ainda recalcitrante. Seja na boa vontade de acordar de madrugada, ainda que cansada, para ajudar a criança chorando e amamentar, seja na disposição amorável de se deslocar por quilômetros para atender a um amigo necessitado.

Há aqueles que o fazem por disciplina, o que já representa um passo importante, mas ainda longe de expressar esse sentimento de forma espontânea, sem revolta, sem impaciência, sem esperar nada em troca, nem mesmo uma palavra de agradecimento. Há situações em que a expressão de amor pode ocorrer num ato sincero de controle, ou numa repreensão, ou na orientação, no processo educativo de um filho, tutelado, aluno, colega de trabalho, parente ou vizinho.

Há situações em que uma alma infantil, revoltada ou descontrolada emocionalmente, precisa de uma postura mais firme de alguém que esteja ao seu lado, e isso não representa atitude negativa, mas um ato de amor-cuidado a quem necessita de amor-firmeza naquele momento. O amor pode, portanto, expressar-se de múltiplas formas.

Pergunta: Poder-nos-ia sintetizar o amor numa frase curta?

Ramatís – Servir incondicional e fraternalmente, sem afetação ou dependência emocional, desapegadamente, pois o amor em sua expressão mais pura não aprisiona, é livre, sem cobranças, sem dominação ou controle descabido. A Lei Cósmica do Carma é uma expressão do amor divino que tem o papel natural de ajudar as almas a educarem-se rumo ao amor fraterno universal, sem que haja tentativa de posse e dominação fantasiada de controle.

Capítulo 2
Amor: fonte divina de sabedoria e serviço
NICANOR

Pergunta: Quando o irmão afirma no título deste capítulo o amor como fonte divina de sabedoria, estaria se referindo à necessidade de tomarmos Deus como referência maior para nossos pensamentos e atos no dia a dia?

Nicanor – Também, e mais além: sempre que os irmãos se sentirem frágeis para expressar um amor puro, doce, lúcido, sincero e incondicional, que possam ir beber na fonte divina do Pai. E, por meio da prece, possam sorver as energias necessárias para vencer o egoísmo, o orgulho e as ainda primárias manifestações do amor, que despertam do longo sono letárgico rumo a uma pureza consciente e incondicional de sentir e expressar sentimentos fraterno-universais.

O ser humano terráqueo ainda está aprisionado demasiadamente às formas mentais e, por isso, raramente consegue sentir Deus dentro de si ou no éter onde está imerso. Mas poderá observar uma flor que espontaneamente nasce no meio do caminho, os pássaros que cantam e trazem alegria na sua maneira de ser, a água que corre no riacho e vai saciar a sede dos seres vivos ou irrigar o verde, sem pedir nada em troca, o Sol que surge todos os dias com sua luz e calor propiciando a geração de vidas, sem questionar a quem quer que seja, do verme ao ser humano, viabilizando a fotossíntese da vegetação que alimentará as pessoas. Enfim, em cada expressão da natureza, ali se encontra o amor dos elementos da própria natureza, o amor dos elementais, dos devas, dos anjos, do Cristo Planetário, do Pai Celestial, num entrelaçamento sistêmico de amor incondicional espontâneo e inenarrável.

Assim, sempre que os irmãos se sentirem frágeis ou carentes de amor, que busquem as fontes do amor nas multiformes expressões da vida, como por exemplo na natureza, no ser humano necessitado ao seu lado, na prece de auxílio ao desconhecido que sofre por guerras ou fome, perto ou do outro lado do planeta, padecendo dores maiores do que as suas.

Pergunta: Quer dizer que, para nos alimentarmos de amor, a melhor maneira é dar amor? Mas, se a pessoa se sente carente de amor, como ela poderá dar o que não tem?

Nicanor – É o milagre de servir, de vencer o egoísmo nas mais simples situações da vida que vai treinando a alma, encarnada ou desencarnada, a ir cultivando amor dentro de si. O ser humano é capaz de fazer nascer amor dentro de si, sem precisar que alguém lhe dê ou sirva de estímulo, mesmo que muitas pessoas ainda estejam ligadas a raciocínios aprisionantes ou sentimentos condicionados a essa postura equivocada, o que é fruto de egoísmo ainda latente na intimidade da alma. Quando Francisco de Assis disse "é dando que se recebe", estava reafirmando a máxima de Jesus de que se deve amar a Deus sobre todas as coisas e ao próximo como a si mesmo. Em nenhum momento, há referência de a pessoa esperar ser amada para depois amar.

Pergunta: Entendemos... mas há situações em que a pessoa se encontra perdida, e isso vemos na literatura espírita, em que há muitas almas perdidas no Astral também. Sejam encarnados ou desencarnados, sentem-se incapazes de amar e reclamam não receber amor de parentes, amigos ou do parceiro ou parceira, de quem quer que seja. Há os que dizem serem até esquecidos pelo amor de Deus. O que o irmão nos diz?

Nicanor – Deus não esquece nem abandona Seus filhos, desde um simples átomo ao ser humano, onde quer que se encontre no Universo, nos lamaçais da perdição ou na subida do "monte" da autotransformação rumo à Luz Maior. O ser humano é que não compreende os sinais de Deus expressos nas mais simples situações da vida, e se recusa a parar, pensar, meditar, deixar de lado o orgulho e deixar-se banhar por umas gotas de humildade e silêncio na intimidade da alma, para poder sentir e perceber tais sinais divinos, mostrando-lhe o caminho a seguir e, assim, encontrar o amor tão desejado, que pode se apresentar de infinitas formas, nem sempre condizentes com a expectativa egoística da pessoa.

Há muitos seres humanos que só reclamam da vida, de todos e até de Deus, num categórico ato e sentimento infantis. Não se pode encontrar amor se a pessoa não sabe o que é amor. Muitas vezes, o amor está ao seu lado e a pessoa nem percebe, simplesmente porque não sabe o que é amor, porque seu egoísmo e orgulho a têm impedido de cultivar esse sentimento dentro de si e expressá-lo desde os mais próximos.

Um inimigo do passado que, pelo amor divino, o plano espiritual superior permitiu encarnasse como filho, irmão, pai, mãe ou um colega de trabalho, não raras vezes é rechaçado pelo orgulho e egoísmo latentes na alma que se recusa a amar, por meio do perdão, do esforço de diálogo, do cultivo da tolerância à imperfeição do outro, da paciência para com os "lentos" sinais da vida que o cerca ou mesmo do raciocínio limitado ou sentimento endurecido do próximo.

Quando o ser humano abrir seu coração para compreender que o próximo é tão imperfeito como ele mesmo, então começará a dar os primeiros pequenos passos para amar a si mesmo e ao próximo. E então descobrirá que pode fazer nascer amor dentro de si, que não precisa esperar pela outra pessoa a dar-lhe amor.

Pergunta: Existe no imaginário da sociedade planetária, pelo menos na maioria das pessoas, que encontrar um amor, casar-se ou estar juntos, ter filhos, ter uma família e viver feliz para sempre representa um dos mais importantes acontecimentos da vida. Essa busca por um amor, ou seja, por uma pessoa com quem possa trocar amor seria uma busca justa ou digna, dentro de uma perspectiva espiritual?

Nicanor – O amor se expressa das mais variadas formas, e tanto o anjo quanto o ser humano, no início ou no meio da caminhada rumo à Luz, terão suas formas mais sublimes ou mais rudes de expressar o seu amor. Todas merecem respeito, pois o anjo um dia foi um ser humano primário, e por saber disso tem compaixão, compreende e envolve com seu amor quem quer que seja, mesmo aqueles que ainda manifestam um amor limitado e rudimentar.

O grau evolutivo da maioria dos habitantes da Terra tem, de fato, esse imaginário a que se refere, e isso deve ser respeitado. É compreensível e natural para a maioria dos terráqueos querer encontrar o amor da sua vida (restrito a um ou uma parceira para relação afetiva e sexual), formar família e ser feliz para sempre. Mas é interessante estar atento a algumas questões. Primeiro, que o corpo não será para sempre, por isso não se pode imaginar em encontrar o amor da vida apenas pelas belas formas corporais, que um dia envelhecerão. Então, alguns ficam embevecidos pela beleza física e isso se torna o principal motivo da paixão e do futuro envolvimento afetivo que se imagina para sempre.

Certamente, uma relação apoiada somente no fator material ou na aparência física não será sustentável e, por mais que dure a vida toda, não se sustentará de forma equilibrada após o desencarne de um ou outro, ou de ambos, podendo se tornar em processo obsessivo, em face de sua referência ilusória. Mas essa obsessão poderá se constituir e continuar entre aqueles que também buscam algo mais que o simples aspecto físico, e que se dedicam um ao outro pelo carinho, atenção, cuidado e amizade. O apego puramente emocional ou dependência mútua já é por si só um processo obsessivo, esteja encarnado ou não, e muitas vezes esse processo começa na vida encarnada e continua depois da morte física. Qualquer tipo de dependência e apego não será salutar e causará sofrimento mais cedo ou mais tarde.

O ideal é que uma relação a dois e, mesmo depois, com o surgimento de filhos, possa apoiar-se em algo mais que fatores físicos, e que não haja apegos doentios, mas interação balizada no respeito, na cumplicidade, na amizade verdadeira, entendendo que a vida continua depois da morte física e que esse amor pode e deverá continuar no Além-túmulo. E que este não precisa ser apoiado na obsessão, em cobranças, mesmo que seja alguma necessidade de estar-se próximo, no apego que impede de buscar novos horizontes de trabalho, aprendizado e fraternidade universal em infinitas paragens astrais e no Cosmo.

Faz parte também do aprendizado do ser encontrar outras pessoas, outras almas, outros amores, se desapegar de relações anteriores (muitas vezes doentias e imersas por cobranças cármicas, sem capacidade ou disposição de ultrapassá-las através do amor-perdão, compreensão e doação incondicional). Então, é importante ampliar-se o círculo relacional e treinar para seu amadurecimento rumo a formas de amar mais fraternais e desapegadas, pois o futuro anjo amará humanidades inteiras, incondicionalmente. Portanto, ter outras relações será inevitável, mesmo que em certas fases evolutivas estejam apoiadas em paixões passageiras ou mais longas, ou em relações que já possam se apoiar em estruturas mais amadurecidas como na construção de interações duradouras e sustentáveis do ponto de vista mental, emocional e espiritual.

Claro, não se deve negar a ajuda e apoio fraternal a quem necessite, muito menos a um ex-cônjuge dos tempos de encarnado, a um parente ou amigo. É importante que haja dedicação àqueles que estiveram mais próximos, pois não se ama o mais distante sem antes amar os mais próximos, assim como não haverá amor ao próximo de modo verdadeiro e expandido se antes e simultaneamente o ser não aprende a amar a si mesmo, sob o risco de projetar sobre a outra pessoa a fuga de si mesmo, ou do respeito, compreensão, autoconhecimento e afeto a si mesmo. E, não raras vezes, essa projeção se fantasia de amor, mas no fundo pode estar carregada de paixões passageiras e/ou um sentimento de apego decorrente de carência afetiva e mecanismo de compensação, o que por si só já denota uma natureza obsessiva de relação.

Contudo, cada um se encontra em seu nível evolutivo e processo de amadurecimento, e isso deve ser respeitado, inclusive quando o ser ainda se emaranha no próprio egoísmo, orgulho, apego a paixões inferiores e sonhos pueris. Não se pode exigir de alguém que precisa amadurecer que ele já esteja maduro. E o aprendizado pode vir com a observação de outros e da vida, como por experiência adquirida na própria vivência. Alguns conseguem transportar para a vida íntima uma realidade teórica, apreendida em leituras, diálogos, estudos e meditações; outros somente vivenciando e tropeçando nos obstáculos criados por si próprios. Aliás, como regra geral, o aprendizado só se impregna na alma após várias quedas, lágrimas e consciência de que sem esforço e dedicação ao propósito superior não se avança em direção ao Alto. Não se sobe até o cume sem que haja esforço, sob pena de a alma ficar rodeando o morro, sem de fato subi-lo.

Pergunta: Com isso, o irmão quer afirmar que então é justo que algumas pessoas possam apoiar suas vidas no encontro de um amor que as faça felizes, até que a morte as separe?

Nicanor – Conforme já afirmamos, é compreensível que isso ocorra, dados os limites conscienciais e de sentimento da pessoa. Muito longe de ser uma postura ideal, aliás, essa representa a intenção da maioria dos terráqueos, e isso denota o grau ainda infantil em que a humanidade se encontra, pois uma alma não pode apoiar em outra a sua felicidade, já que esta deve nascer dentro de cada um, independentemente de outra pessoa.

Ambas as pessoas devem idealmente buscar um papel suplementar numa relação afetiva a dois, e não a ilusória complementação de uma para com a outra pessoa, o que representaria o infantil romantismo da "metade da laranja", numa relação mútua de dependência, aprisionamento, escravização e riscos à obsessão. Ambos devem cultivar um clima de mútua ajuda, troca, aprendizado e apoio rumo ao crescimento do par, e que esse crescimento não esteja aprisionado às formas físicas, mas ao crescimento do ser como cidadão do Cosmo, que respeita as leis dos homens e os princípios universais, os quais, dentre outros pontos, se apoia na reencarnação como oportunidade de amadurecimento nas várias etapas da existência do espírito, no carma como instrumento de educação da alma, na fraternidade universal como o amor mais sublime de todos, e assim sucessivamente.

Há abundantes casos na Terra em que, infelizmente, mesmo depois da morte não se verifica separação. Não que aquele que partiu para o outro lado da vida tenha que esquecer e abandonar a quem ama, mas não pode se aprisionar a padrões obsessivos de relação. A vida continua e continuam estudos, trabalhos e ampliação de relações fraternas com muitos outros seres que se conhecem ou pelo reencontro de almas já conhecidas do passado. É preciso que a alma se desprenda dos grilhões de emoções passageiras, de cobranças por dívidas materiais ou compromissos mentais-emocionais, pois o que passou deve ficar no passado e deve restar apenas o aprendizado, o amadurecimento com as variadas situações de vida vivenciadas, os bons sentimentos e o amor fraternal construído no âmago de seus corações.

No entanto, na maioria das situações, existem processos obsessivos por maldade, cobranças ou por simples apego emocional, os quais perduram por anos, décadas, séculos e milênios, gerando sofrimentos mútuos e improdutivos, até o dia em que o cansaço ou a saturação surge. Então, a abertura da mente e do coração de uma das partes ou dos envolvidos nos grilhões permite a entrada de um pouco de luz de humildade, compreensão, respeito à liberdade e individualidade do outro e brota a capacidade de perdoar ou o desprendimento de paixões passageiras. O Universo espera que cada alma (encarnada ou desencarnada) com sua infinitude de novas experiências e aprendizados avance em direção à Luz Maior, no seu infinito caminhar. Portanto, ficar parado no tempo é algo inútil, uma vez que a evolução pressupõe dinamismo e não estagnação.

Pergunta: O que o título deste livro quer dizer quando enuncia: amor – encontros, desencontros e reencontros?

Nicanor – Quando uma mônada é criada por Deus, vem agregada a uma família espiritual composta por outras mônadas e, embora possua sua individualidade essencial, traz uma polaridade energética inversa agregada a ela (*yin* ou *yang*;

positivo ou negativo; *razão ou sentimento*). Isso está muito longe do que muitos terráqueos têm propagado nas redes sociais, bem como em alguns livros ou em conversas ingênuas sobre almas-gêmeas. Na verdade, trata-se de agregações de polaridades em que prevalece uma leve predominância de uma sobre a outra em sua natureza básica, ou melhor, ao mesmo tempo em que a mônada possui sua individuação possuirá sempre os elementos da outra polaridade, a fim de que se mantenha o equilíbrio energético-estrutural necessário à sua existência. Isso quer dizer que a polaridade *yin* possui aspectos de *yang*, e vice-versa, pois uma parte contém a outra em doses relativas e muito menores, proporcionando o equilíbrio geral da mônada.

Desse modo, o átomo (*atman* ou mônada) se desprende da Mente Divina e inicia uma longa caminhada evolutiva, atrelada a outros átomos (a família espiritual ou família monádica), os quais possuem todos uma contraparte energética, ou aura, que seria a essência divina ali presente ou fonte divina ou mesmo fonte de vida.[4] Essa família, por sua vez, está energeticamente atrelada a outras famílias espirituais e atômicas que vão compor estruturas minerais (isto é, agregações atômico-moleculares), rochas, montanhas, planetas, sistemas solares, constelações e galáxias, todas interligadas por cordões energéticos invisíveis aos olhos humanos, incompreensíveis para muitos terráqueos de mente ainda fechada. É a força gravitacional que interliga os componentes de um sistema planetário, solar ou galático, e a interação que existe entre sistemas orgânicos, ecológicos e entre todos que habitam um mesmo planeta, pois o Universo é composto por infinitos sistemas e, como se sabe pela ciência terrena, um sistema é composto por elementos que interagem, interinfluenciam-se e se integram.[5]

Como parte de um mesmo sistema, é natural que membros de uma família espiritual, integrantes de um sistema so-

[4] Sobre a natureza das mônadas, suas polaridades energéticas (*yin* – *yang*) e as famílias monádicas, Ramatís elucida muito claramente o assunto nas páginas 31 e 32 da obra *O Sentido da Vida*, **EDITORA DO CONHECIMENTO**.

[5] Na década de 1950, o biólogo austríaco Karl Bertalanffy publicou a Teoria Geral de Sistemas (TGS), tema que vinha estudando desde a década de 1920, antes de se transferir para o Canadá e depois Estados Unidos. A TGS é hoje aplicada em todos os campos do conhecimento e é tida como uma verdade científica.

lar ou uma constelação, por exemplo, se dediquem a auxiliar outros membros da família que se encontrem mais atrasados na evolução. Assim, surgem os movimentos de fraternidade cósmica. Por esse motivo, muitos espíritos superiores descem a zonas mais densas para ajudar seus irmãos em processos dolorosos e cármicos, e não o fazem por obrigação, mas sim por amor, porque não se sentem felizes ao ver seus irmãos atrasados na escola da vida evolutiva. Desse modo, pacientemente e sob o sentimento da compaixão, se dispõem a ajudá-los, na grande maioria das vezes anonimamente.

Numa análise mais próxima da realidade terrena, o mesmo ocorre entre pessoas que se relacionam por várias vidas, e que muitas vezes vêm de um mesmo núcleo divino ou familiar espiritual, ou de grupos familiares que de algum modo e numa visão mais expandida compõem o mesmo macrogrupo familiar planetário ou constelatório. Assim, desde os primórdios de suas várias existências, compõem o que chamaríamos de encontros ou aproximações, porque vêm da mesma origem energético-cósmica (encontro ou associação de componentes essenciais), e ao longo das várias encarnações seguem juntas, seja em agregações atômico-moleculares, seja em organismos vegetais ou coletividades de animais, seja encarnado como seres humanos, em relações afetivas ou não. E, às vezes, criando animosidades que geram carmas mútuos, demandando ao longo do tempo resgates de sentimentos de ódio e vingança que reclamam por transformações íntimas profundas, de modo a transmutar o padrão energético dessas vibrações acorrentadoras de almas, através do amor que perdoa, que constrói e que doa.

Mas chega um tempo em que essas almas precisam se afastar, se distanciar entre si, e se desencontram umas das outras, como condição necessária para amadurecer nas variadas trilhas evolutivas por este imenso Universo. E então buscam aprender, imersas nas complexas redes relacionais e sistêmicas do Cosmo, caminhando pelas inúmeras oportunidades que a sua rica diversidade oferece para a expansão da consciência e do amor fraterno-universal. E as combinações ou formas de se disporem unidas ou afastadas são infinitas, podendo haver a separação desde os tempos atômico-minerais ou nos períodos em que a existência se processa no reino vegetal, no animal e mesmo humano. E, um dia, essas almas se reencontram, em algum lugar do Universo, para se agregarem novamente ao Amor Cósmico, já como seres arcangelicais. Todavia, ao longo da jornada evolutiva, é comum haver reencontros no período das reencarnações humanas, e depois nos tempos do reino angelical. E nem sempre, no período dos encontros no reino humano, a alma reconhece ou sente que a outra é integrante da mesma família espiritual, e vice-versa.

Essa jornada é muito longa e, na verdade, para os padrões terrenos de tempo seria quase infinita, por demorar bilhões e bilhões de anos, quando se imagina desde os tempos monádicos à reintegração com o Amor Cósmico, até que esse reencontro energético se transforme, ou seja natural e docemente integrado pelo éter inerente à "rede" invisível de amor e consciência que permeia a tudo e a todos, ou seja, a Deus.

Pergunta: Toda a alma humana não provém da mesma fonte, que é Deus? Portanto, todas já não são naturalmente irmanadas por essa relação? Isso não significa que fazem parte da mesma família espiritual?

Nicanor – Sim, isso é verdade ao se mirar pela mais ampla perspectiva e, na verdade, é o que deve ser compreendido e sentido. Por outro lado, quando vamos mergulhando em dimensões cada vez mais densas, essa relação vai ganhando certo estreitamento de relações energéticas, atômico-moleculares e de interações sistêmicas, e se torna inevitável uma análise mais aproximada da situação. Ou seja, é natural que os habitantes (almas e corpos) de um sistema solar tenham maior proximidade e relação energético-sistêmica do que habitantes de um outro sistema solar, apesar de todos estarem dentro do mesmo raio de influência energético-sistêmica ou gravitacional de uma constelação ou galáxia, e esta dentro do mesmo universo permeado pela Consciência e Amor do Pai Celestial.

Dentro do mesmo prisma de análise, isto é, por um olhar de física cósmica, é natural que os componentes de um mesmo planeta tenham maior proximidade relacional e sistêmica do que os de outro planeta, e assim sucederá para aqueles que compõem uma região, país ou localidade. Assim ocorrerá também para aqueles que compõem uma mesma família consanguínea ou agrupamento de almas que se entrelaçam por grilhões cármicos durante várias encarnações.

Uma família espiritual, com seus componentes atômicos mais próximos, tomando-se por base sua origem monádica, terá aqueles membros mais intimamente interligados, os quais, por sua vez, se interligarão a agrupamentos de famílias monádicas e estas a outras maiores. E assim sucessivamente, até comporem estruturas minerais maiores, planetas, sistemas solares, até chegarem ao nível galático e universal.

Com o passar do tempo, os agrupamentos mais próximos tendem a se afastar cada vez mais ao longo da evolução pelos vários reinos (mineral, vegetal, animal e hominal), inclusive aquele ser monádico que possuía sua polaridade *yin-yang* em sua menor expressão e na forma mais essencial possível. Este ser geminado, bem como a família espiritual mais próxima, pode se encontrar várias vezes ao longo desse caminho. Certamente, em algum momento cósmico, se reencontrarão de modo mais próximo para um retorno ao religamento com Deus. Nesse momento, haverá um amplo religamento familiar cósmico, que pode variar desde um agrupamento de planetas, até sistemas solares ou estrelas, ou constelações e mesmo galáxias.

Pergunta: Como se identifica uma alma humana que seja a contraparte energética da outra, ao longo das jornadas reencarnatórias?

Nicanor – Isso nem sempre é simples ou fácil, ou mesmo útil, se observado por certo prisma. Na verdade, isso não tem importância para os seres humanos, a não ser quando alcançar estágios angelicais e, portanto, saberá disso, pois chega a certo grau de maturidade cósmica suficiente para compreender e sentir a exatidão e os compromissos amoráveis que unem essas "células monádicas". Exatamente por isso é que é melhor cultivar-se o pensar e o sentir dentro de uma perspectiva maior, ou seja, de que todos somos irmãos e filhos do mesmo Pai, independentemente da família espiritual ou monádica mais próxima, pois, numa visão mais ampla e cósmica, todos somos irmãos espirituais, todos fazemos parte da mesma família universal.

O Universo permite infinitas combinações relacionais de modo a favorecer a evolução, que é igualmente infinita. Há muitos encontros novos, de almas oriundas de famílias monádicas mais distantes uma das outras. Todavia, essa é uma das belezas da diversidade do Universo e de seus componentes, e nesses novos encontros surgem oportunidades de crescimento mútuo, seja por relações afetivas construtivas, seja por meio de relações que geram carmas e criam oportunidades de resgates através do amor que faz todos amadurecerem como cidadãos do Universo. Se a mente atua como o GPS e mostra a direção, o amor é o único caminho transformador dos seres e único elemento capaz de gerar a verdadeira e perene felicidade.

Pergunta: Se tudo o que pulsa no Universo, de micro a macro-organismos, um dia serão seres humanos e anjos, quer dizer que mesmo bactérias que compõem a flora bacteriana das pessoas e vírus que atacam vorazmente um corpo humano também um dia serão anjos?

Nicanor – Sim, sem dúvida.

Pergunta: Como aceitar, amar e não eliminar vírus, se nos agridem ou nos fazem tanto mal à saúde, aliás sujeitos muitas vezes a sofrer ou morrer pelo uso de medicamentos? E como imaginar que bactérias que estão dentro de nós serão um dia seres humanos e anjos?

Nicanor – Vírus não atacam, no sentido de intencionalidade em fazer mal a alguém. Eles são seres movidos pelo impulso de sobrevivência e, por terem uma primária natureza parasitária, necessitam de outros organismos para dar continuidade às suas vidas, conforme já foi elucidado anteriormente. Os minerais e vegetais ficaram por muitos milhões de anos dependendo de intervenção constante e vigilância ininterrupta de anjos dévicos. Quando o ser adentra o reino animal, tem uma fase intermediária entre vegetal e animal, qual ocorre a fungos, bactérias e vírus, os quais vão aos poucos aprendendo a se tornar independentes, mas ainda presos por condicionamento ao mecanismo da dependência. Assim, por impulso natural, acabam dependendo de um ser vivo para sobreviver; por isso o sentido do parasitismo.

De fato, considerando o estágio em que ainda se encontram, os humanos da Terra estão longe de sentir amor por seres aparentemente tão insignificantes ou que causam tanto mal à saúde. A ampliada consciência e o amor incondicional virão ao seu tempo, agregando-se à alma de cada um. Se um corpo humano se encontrar frágil ou em estado de desequilíbrio físico-emocional, será terreno fértil para que o vírus se instale, ou seja: a causa maior não é o vírus, que está aí, no ar, nos ambientes, e que invade um corpo, mas no desequilíbrio do organismo, da mente e na emoção da pessoa que favorece a recepção dos micro-organismos.

Em resposta à outra questão: se cada ser humano é parte ou componente da Mente-Amor Divino, de um macrossistema cósmico, igualmente bactérias, células, tecidos e minerais que compõem um corpo são partes de um todo sistêmico que também evoluirão. E cada um deles é constituído por microssistemas ou composição de moléculas que são formadas por átomos, e cada um dos átomos se tornará um futuro ser humano e um futuro anjo. Essa compreensão mostra uma grande oportunidade para o ser humano cultivar amor por aqueles que fazem parte de sua composição, um passo importante inclusive para cultivar o "amar a si próprio", a começar pela aceitação do corpo que Deus lhe deu e ter o devido amor-respeito e amor-cuidado por ele.

Pergunta: Em face das informações que temos recebido e pelo que temos lido, quando o ser humano começa sua escalada evolutiva no reino humano normalmente encarna como selvagem ou um ser ligado à natureza e a ambientes bem rústicos ou mesmo rudes. Aos poucos então, e na medida de suas experiências, vai ampliando sua percepção, inteligência e sensibilidade diante do mundo que tem de enfrentar e se adaptar para sobreviver e alimentar sua prole. Em que momento ocorre aquela mudança de rumo, ou o afundamento em seus carmas, gerando muitas vezes séculos de resgates mútuos, pelo ódio e vingança decorrentes de relações pesadas ou tensas, envolvendo sentimentos densos que são cultivados e realimentados ao longo de muito tempo?

Nicanor – Desde o primeiro instante em que o ser humano encarna pela primeira vez, está sujeito à ação da Lei do Carma. Obviamente que o impacto de uma determinada ação negativa cometida por este ser será menor, se comparada à mesma ação por um ser humano já com conhecimentos e informações sedimentadas em sua mente, decorrentes de muitas encarnações vivenciadas. Um ser muito primitivo, ao se alimentar de carne humana por ver seus irmãos felinos fazerem o mesmo, terá seu carma por isso, mas não pode ser comparado a um nativo que já encarnou antes como humano, e pior ainda a um ser humano urbano que traz consciência suficiente para saber que essa é uma atitude abominável, e que, portanto, atos como estes gerarão grande impacto na alma.

O ser humano, ao encarnar nas primeiras vezes, naturalmente trará impulsos instintivos muito aguçados, os quais são frutos de repetidas experiências dos tempos em que encarnava no reino animal, pois essas informações geram condicionamentos fortes na alma. A Lei do Carma, então, surge como um grande aliado educador, fazendo com que o sofrimento vá lapidando almas rudes, grosseiras e insensíveis. Assim, uma relação traumática e repleta de ódio e vingança pode se iniciar desde os tempos de vida na selva. Muitas histórias cármicas que se repetem até os dias atuais se iniciaram nos tempos em que portugueses e espanhóis chegaram ao continente americano e praticaram atos de violência contra indígenas, na época.

Pergunta: Seria possível o encontro de duas almas, sendo da mesma família espiritual, desde os tempos monádicos, uma sendo indígena ou nativa de um dado lugar e a outra um colonizador; e assim, ao invés de se iniciar um encontro de respeito e afeto, iniciar-se um encontro de agressões e futuros ciclos de vinganças e, como consequência, longos processos cármicos?

Nicanor – Sim, e certamente isso ocorreu no passado e, de certo modo, ainda tem ocorrido. Algumas almas trilham caminhos mais amenos e outras, mais curiosas e afoitas, trilham caminhos da aventura e não raras vezes se debatem com a agressividade que lhes habita o íntimo. E então, acabam gerando mais carmas do que a outra que esteve mais ligada a ambientes mais tranquilos. Almas humanas primitivas, como regra geral, não têm condições de escolher onde deverão encarnar. Seus tutores espirituais fazem isso por elas, e então vislumbram oportunidades que podem promover maior ou menor aceleração em sua evolução, conforme a realidade íntima de cada um. De qualquer modo, a rudeza presente na intimidade das almas primárias demanda situações que lhes propiciem o lapidar dessa rudeza, expressa em violência, grosserias, instintos aguçados e impulsos selvagens.

Pergunta: Neste caso, um tutor pode adquirir carmas ao incentivar o reencarne de um pupilo seu em ambientes agressivos, de riscos, ou que ao invés de acelerar retarde a evolução daquela alma primitiva?

Nicanor – Sim, e essas experiências fazem parte do amadurecimento do tutor, que também é um ser em evolução, em aprendizado, lembrando que errar faz parte do amadurecimento da alma, seja pelo carma que ela terá de enfrentar, pelo sofrimento que passará, seja pela tomada de consciência, remorso, e seu realinhamento mental, com novas posturas diante de novas oportunidades encarnatórias. Seja, ainda, pela maior sensibilização que adquirirá ao ver outras almas sofrerem, e principalmente quando padecem por seus equívocos ou erros.

Alhures, já foi mencionado que em ambientes mais desafiantes a evolução se torna mais acelerada que em ambientes sem grandes desafios a enfrentar. O atrito que se processa entre as pedras ao ar livre, sob a ação do vento, chuva e sol, vai propiciando a lapidação delas ao longo do tempo. Assim, essas pedras vão se tornando mais arredondadas, menos pontiagudas e com aspecto menos grosseiro. O mesmo ocorre com o esmeril, que com seu atrito vai lapidando a pedra bruta, tornando-a mais brilhosa e mais valiosa. Se por um lado descer em ambientes rudes se torna perigoso, pois a alma pode se inundar de carmas, por outro ela terá a oportunidade de amadurecer mais, já que verá e vivenciará mais lutas, sofrimentos, e igualmente passará por situações mais difíceis que treinarão seu sentimento a ser menos egoísta e mais colaborativo, menos orgulhoso e mais humilde, porque a Lei do Carma estará presente como instrumento educador.

Ao mesmo tempo, verá um cenário de vida mais intensa, no sentido da busca de um lugar mais pacífico, mais humano, pois as almas se cansam de sofrer e de ver sofrimento. Com o passar das várias encarnações, vai aos poucos se lapidando. Essa dinâmica favorece avanços mais acentuados na evolução. Essa regra serve tanto para um novo pupilo encarnado como para seu tutor.

Mas é claro que, a partir de determinado nível evolutivo, em que a alma já possui certo grau de consciência e sensibilidade, não caberia mais permanecer em ambiente hostil, em todos os sentidos, e certamente encarnará em ambiente mais equilibrado, exceto se ela estiver em missão de auxílio fraternal a alguém ou a alguma coletividade. E em qualquer ambiente do Universo, mais tranquilo ou mais hostil, sempre anjos e guias espirituais, inspirados por nosso Pai, estarão presentes estimulando e intuindo à melhoria íntima de cada habitante e da coletividade de encarnados e desencarnados.

Pergunta: Isso reforça aquela percepção de que num ambiente mais rude a alma recebe oportunidades para avançar mais, como se fosse um ambiente catalisador da evolução, ao contrário de ambientes mais tranquilos?

Nicanor – Num sentido geral a resposta é sim, mas é preciso compreender que essas questões exigem estudos e análises bem complexas. A dinâmica evolutiva não é simples, e somente anjos de carmas e entidades sábias e orientadoras de humanidades possuem o suficiente discernimento para viabilizar a encarnação das almas, considerando onde seria o melhor ambiente para a maior expansão do seu intelecto e a ampliação de sua sensibilidade, ou seja, promovendo seu amadurecimento de modo menos retardado e mais dinâmico. Contudo, o Universo é um ambiente infinito de infinitas possibilidades.

O projeto Terra tem propiciado um ambiente de provações e ajudado muitas almas a se lapidarem pelas lutas e sofrimento, sob forte influência da Lei do Carma.

Pergunta: Mas aqui na Terra existem muitas daquelas almas que resistem a evoluir...

Nicanor – Sim, como em qualquer paragem do Cosmo. E as almas aprisionadas aos próprios vícios, orgulhosas e egoístas, que preferem se cristalizar nesses sentimentos grosseiros, um dia, em algum lugar do Cosmo, cansarão e abrirão uma pequena fresta em seus corações, permitindo a entrada da Luz Superior e a brotação das primeiras sementes de humildade. E então, começarão um longo percurso de reencontro consigo e com o Pai. Caberá ao ser despender esforços próprios, e ninguém o carregará nas costas, já que cabe a cada um fazer o seu percurso individual, mesmo que receba ajuda em alguns momentos. É como a pessoa que sofreu grave acidente ou ficou doente e que precisa de intensa ajuda no início do seu processo, mas chegará o instante em que deverá fazer a sua parte de esforço e dinamismo interior para superar a enfermidade.

Aquele que se cansou de sofrer e de viver as amarguras da vida, e deseja algum grau de paz de espírito, certamente terá que sair do estado de inércia da vontade direcionada a princípios superiores, ou deixar de lado a preguiça, os impulsos primários e buscar crescer a partir de um outro padrão de pensar e sentir. Depender viciosa e cronicamente dos outros é um estado mental-emocional parasitário, e até escravagista, quando se explora o próximo. Chega certo momento da caminhada evolutiva que o ser precisa assumir que deve caminhar com os próprios pés, mesmo que cercada de irmãos dispostos a ajudar no mundo invisível e visível, pois a fraternidade se faz presente a todo instante no Cosmo e isso representa um treino à expansão da capacidade de liderança de si mesmo.

A todo instante a alma é levada a treinar a liderança e a autoliderança, todavia quase sempre recua ou foge da oportunidade, seja por medo, revolta ou preguiça. O treino da liderança representa uma grande oportunidade para amadurecimento da alma.

Pergunta: Poder-nos-ia explicar melhor essa questão da liderança? E qual a relação dela com o amor?

Nicanor – Desde os primeiros anos de vida, quando a criança começa o exercício de dar os primeiros passos, após haver engatinhado, vem o impulso de se movimentar e caminhar, e então precisa do apoio dos pais segurando-lhe as mãos ou apoiando-se nos móveis e paredes. Mas chegará o momento em que estes o largam sozinho para experimentar andar, e é normal que tropece ou se desequilibre até se firmar nos passos. Assim é a alma. Precisa do apoio por algum tempo, porém chegará o instante em que deverá assumir-se como líder de si mesmo, orientando-se a partir de seu pensar e sentir, de seu próprio discernimento. E haverá momentos em que exercitará a liderança de várias pessoas, como um pequeno treino para o futuro anjo que organizará ou dirigirá coletividades planetárias.

A pessoa que se deixa liderar, inconscientemente, deixando-se levar sem o uso da razão e do bom senso, precisa em algum momento de sua trajetória evolutiva usar do raciocínio e de sua sensibilidade para saber se concorda e se avaliza o tipo de liderança que a conduz. Aceitar a liderança humildemente é de fato uma grande oportunidade para cultivar a humildade, mas há que se ter consciência quanto ao papel do líder e de sua postura, mesmo que em muitas situações tenha de obedecê-lo por questões de hierarquia, e isso representa ato de humildade quando feito sem revolta no coração.

Aprender a andar com os próprios pés é um ato de autoliderança, de tomar suas próprias decisões, de despender certo grau de esforço para caminhar numa ou noutra direção, de se instruir, de imprimir autocontroles em situações em que haja riscos de prejudicar os outros, ou mesmo quando se deixa levar por caminhos de forma espontânea e dominado pela indolência ou acomodação a padrões inferiores de vibração.

Seguir por determinado caminho, a partir da própria tomada de decisão, é também um ato de amor para consigo, pois o ser que tem sua própria vontade, iniciativa, e despende alguma energia para se movimentar em pensamento, sentimento e atitude, numa ou noutra direção, está se aceitando, consciente ou inconscientemente, como um ser que tem sua própria existência. E aceitar-se é um primeiro ato de amor, mesmo que impulsivamente. À medida que o ser aumenta sua consciência e amplifica sua sensibilidade, tende a ampliar sua capacidade de autoamor e de amor ao próximo. A alma pode passar por momentos de estagnação em sua caminhada espiritual, contudo chegará um dia em que a força propulsora do progresso espiritual o impelirá a prosseguir sua trajetória rumo à Luz Central da Vida, inexoravelmente, pois este é o destino de todos os seres.

Pergunta: Temos observado em nossas vivências que há sempre uma grande massa de pessoas e poucas lideranças. E essas massas podem se dividir em vários grupos sociais com afinidades de pensamento e postura para seguir determinado líder. Há ainda os que não identificam alguém que seja aceito como líder (seja político, religioso, comunitário, cultural, dentre outros), todavia há no imaginário ou no subconsciente certa expectativa de encontrar algum líder... O que pode nos dizeis sobre essa tendência da maioria dos seres humanos de se deixar liderar, ao invés de querer liderar?

Nicanor – É natural. O ser humano demora certo tempo para aprender a andar com os próprios pés e se autoliderar, e mais tempo ainda para aceitar e exercitar sua capacidade de liderança de outras pessoas. Ficaria complicado organizar uma sociedade em que todos os seus habitantes desejassem ser líderes do conjunto. Já será de bom alvitre se cada um assumir sua própria liderança, sob a batuta de alguém mais experiente e com mais visão para ajudar o caminhar da coletividade.

Pergunta: O que dizer sobre a realidade da Terra, em que a maioria dos líderes é limitada em visão, sensibilidade humana e espiritualidade?

Nicanor – Esse é um processo inerente ao nível do progresso espiritual da coletividade terrena, ainda atrasada na escola evolutiva. Há que se salientar que grande parte dos que tomam a iniciativa de ser líderes ainda são movidos por forte orgulho, vaidade e egoísmo. E isso faz parte da maturação consciencial e do sentimento humano terráqueo, que deverá ir se aprimorando em percepção e escolha de seus líderes, a partir daquilo em que acreditam e do que esperam de um líder: que seja ético, sincero, fraterno e competente nas funções que exerce. Nesse contexto, há que se analisar um ponto: cada coletividade tem o líder que está em sintonia com seu modo de pensar, sentir e agir, pelo menos em relação à maioria. Assim, antes de tudo, cada cidadão deve procurar ser melhor como ser humano, ou seja, mais fraterno, ético, fazendo o melhor de si naquilo que realiza como profissional, pai, colega, amigo ou cidadão.

Pergunta: Nas sociedades mais tradicionalistas e mesmo no passado das sociedades ocidentais de economia mais avançada, havia um pensamento de que o cabeça do casal ou o líder da relação era o homem e que a mulher deveria segui-lo, assim como toda a prole. Na Índia, Oriente Médio, praticamente toda a Ásia, alguns países do Leste europeu, e mesmo em certos locais de países latino-americanos, ainda persiste esse modo de pensar ou esse padrão cultural. A Índia e China, por exemplo, são países importantes em tradições espirituais do passado e que trazem ainda alguns traços desse passado, mas que guardam certa postura machista. Já ouvimos certa vez, de um colega indiano bramanista, que na natureza o animal-macho sai em busca da caça, do local para habitar, e é quem luta e defende a prole e toma sempre as iniciativas, e que cabe à fêmea cuidar dos filhos e amamentá-lo. Há culturas religiosas que inclusive permitem a poligamia por parte dos homens, cabendo à mulher aceitar a situação. O que o irmão nos diz sobre isso?

Nicanor – O ser humano evolui, e precisa evoluir. Se resistir à força propulsora do progresso espiritual (força fototrópica de atração de tudo e de todos em direção à Luz), passará por dolorosos processos educativos, por conta da Lei do Carma, que é um mecanismo educador da alma. A Lei é justa e perfeita, e seus gestores celestiais são ricos em compreensão, amor universal, compaixão e sabedoria. Cada alma, grupo social e civilização está sob os olhares e monitoramento amorável e sábio dos arcanjos, anjos e espíritos superiores. São seres que administram humanidades e processos cármicos de grupos e indivíduos. Sabem que não podem exigir de certas pessoas e humanidades respostas além de sua capacidade intelectual e de sensibilidade.

Todavia, tudo e todos precisam avançar em direção à Luz, pois o Universo possui uma contabilidade e uma economia cósmica em dinamismo contínuo, balizando e gerando balanços de atitudes, sentimentos, pensamentos individuais e coletivos. Nesse caminhar, comportamentos, pensamentos e sentimentos são fortemente moldados por fatores culturais e pressões sociais.

No passado, as relações eram de uma forma condizente com o grau evolutivo da humanidade, à época. Mas é preciso avançar em organização das sociedades, das relações sociais, e entre casais. Infelizmente, muitas comunidades da Terra estão presas ao passado e não conseguem se libertar de certas amarras culturais arcaicas. Homem e mulher são seres humanos iguais e, portanto, devem compartilhar dos mesmos direitos e deveres numa relação. O fato de certos grupos sociais de cunho espiritual ou religioso trilharem caminhos do autoconhecimento e realizarem esforços espirituais, na Índia ou onde quer que seja, não significa que já conseguiram se desvencilhar de determinados padrões culturais. Aliás, é muito comum certas sociedades misturarem religião com cultura social e até política.

Num futuro mais à frente, a tendência será realmente incorporar na vida comum os princípios espirituais cósmicos. Contudo, no passado e nos dias atuais de certos países, a busca de coerência entre o pensar espiritual e o agir na vida cotidiana (o que é válido, justo e sensato) acaba por perpetuar formas de pensar arcaicas que eram compreensíveis e necessárias no passado, mas que precisam evoluir, pois tudo evolui no Cosmo, sob risco de se criar uma ambiência doentia, como os lagos fechados que não se dinamizam pela troca e renovação das águas e assim estas se tornam apodrecidas pela decomposição de matéria orgânica. Mesmo as religiões e culturas espirituais não podem ficar paradas no tempo, sob risco de ficarem arcaicas, fanatizadas e "doentes".

Princípios espirituais cósmicos são imutáveis (a exemplo dos processos de criação da mônada, da Lei do Carma, da reencarnação, da fraternidade universal, da evolução e da força propulsora do progresso espiritual para tudo e para todos, dentre outros), mas conceitos e métodos religiosos ou espirituais devem e precisam evoluir sempre. Quanto a culturas sociais e políticas, estas mais que nunca necessitam se renovar sempre. Renovar-se continuamente, para que sigam caminhos equilibrados e sensatos, demanda maneiras sensatas e lúcidas de pensar e agir, pois nem sempre mudar significa evoluir para melhor; por isso, o discernimento é peça-chave nas análises e meditações.

Pergunta: E o que dizer de certas mulheres que, mesmo habitando países com pensamento mais progressista, como Brasil e muitos países latinos, ainda esperam pela postura de liderança do homem?

Nicanor – A alma é milenar e traz em seu subconsciente informações, condicionamentos culturais e religiosos de muitos séculos e, por isso, ao se defrontar com ideias ou leis mais modernas, que permitem e proporcionam mais igualdade de gênero, se restringem a exigir equidade a certos aspectos da vida e sentem dificuldades de se desconectar de padrões antigos, muito enraizados, e que acabam se perpetuando pelas tradições familiares, em questões relacionadas com a vida de casal.

Pergunta – Já ouvimos comentários e temos observado que, de certo modo, realmente há riscos de a mulher perder sua feminilidade quando adentra atividades ou posturas tipicamente masculinas no dia a dia. Vemos, por exemplo, muitas europeias com atitudes e posturas muito masculinizadas, duras, e às vezes até grosseiras...

Nicanor – O ser humano evolui em direção à angelitude, e anjo não tem sexo, como se diz na cultura popular terrena; isso é verdade. Há a tendência de unificação de certos modos de agir, certa similaridade nas aberturas mentais no pensamento e no espectro de ampliação do sentimento fraterno. A polaridade masculina caminhará em direção à evolução de sua sensibilidade e doçura e a feminina à praticidade e a uma mentalidade mais consciente e lúcida. Essa fusão é um caminho inexorável para todos os seres. Firmeza e praticidade, que são características da polaridade masculina ou positiva (que vem desde os tempos monádicos), não significa grosseria ou falta de educação, ainda que essa rudeza possa ser expressa por aqueles que se encontram no início ou ainda no meio da jornada evolutiva. Muitas vezes, a alma já viveu muito, é inteligente, mas ainda precisa amadurecer no campo da sensibilidade; e por isso pode expressar certa rudeza ou grosseria, seja como homem ou mulher.

Sempre houve, na história encarnatória das humanidades, o fato de almas com origem de uma determinada polaridade – positiva ou negativa (masculina ou feminina) – encarnarem na polaridade oposta. Isso é normal e necessário, exatamente para estimular o despertamento das características da polaridade oposta, dentro da coerência do pensamento que expomos no parágrafo anterior, ou seja, um dia este ser será um anjo e terá conquistado aspectos das duas polaridades, ainda que possua leve tendência ou natureza para uma ou outra polaridade, mas que aos olhos humanos seria imperceptível.

Nestes tempos de fim de ciclo e início de uma nova era planetária, tem se intensificado essa troca de polaridade em processos reencarnatórios. Por isso, se tem verificado a expansão numérica de homens com tendências femininas e mulheres com traços psicológicos masculinos mais proeminentes. É necessário que os homens sejam mais sensíveis e as mulheres mais racionais e práticas, sem que haja excessos, mas equilíbrio nessas duas polaridades. Ao mesmo tempo, seria uma agressão tentar destruir ou eliminar a natureza original da mônada, como também da sexualidade inerente aos processos biológicos viabilizados pela ciência e amor divinos.

Nada acontece por acaso no Universo. Nem a polaridade masculina nem a feminina precisam ser eternamente grosseiras e rudes. Ambas não precisam estar eternamente mergulhadas em teor emocional e impulsos de paixão imatura, ou tão racionais e frias como uma pedra a ponto de perder a doçura e delicadeza. E quem ainda se encontra imerso na rudeza ou emoções intensas precisa caminhar muito em direção à Luz, e só o tempo e as experiências, auxiliadas pela Lei do Carma, serão capazes de proporcionar amadurecimento na alma endurecida pelo orgulho e egoísmo, ou aprisionada a vícios milenares, já em condições de avançar para novas etapas evolutivas.

Conforme já foi demasiadamente repetido: a evolução não dá saltos. Portanto, há que se respeitar e se ter compaixão com o processo de cada alma, esteja em seu ritmo ou atrasada na escola evolutiva. Tutores espirituais e almas em curso necessitam alimentar a paciência, tolerância e compreensão para com o próximo e para consigo mesmos.

Todos serão levados, mais cedo ou mais tarde, à Luz Maior, face ao fluxo impulsionador do progresso espiritual, pois, em que pese a alma dispor da eternidade, existe uma organização no Universo e, à medida que o tempo passa, tendo em vista fatores temporais atrelados à contabilidade e economia cósmicas envolvendo almas, planetas, sistemas solares, constelações e galáxias, bem como considerando a paulatina expansão do intelecto dessas almas, chegará um momento em que a resistência do ser em se transformar e, por conseguinte, em aceitar a força impulsionadora da evolução gerará um acúmulo tal de toxinas mentais-emocionais, que sua aura ficará extremamente carregada negativamente e seu corpo astral sofrerá enormes deformações (além de sua postura mental-emocional, certamente terá adquirido muitos carmas).

Assim, caso venha a encarnar, o seu peso psíquico favorecerá a que passe por acidentes de veículos com explosões ou outras situações dolorosas e de altíssimo impacto, a fim de que sejam desintegradas muitas moléculas densas do seu corpo físico e astral, amenizando esse peso energético. Isso é fruto de processos cósmicos da Lei de Causa e Efeito inerentes ao grau de impurezas que carrega em sua aura.

Portanto, chegará um tempo em que essas almas se deixarão banhar pela Luz Superior e darão condições psicológicas para que pequenas frestas de humildade lhes permitam pedir ajuda ao Alto. E então começarão uma longa caminhada de retorno à Casa do Pai, como o filho pródigo expresso na parábola de Jesus.

Pergunta: É interessante observar que algumas almas se sensibilizam com os preceitos espirituais e logo dão início a essa caminhada de retorno à Casa do Pai, mas há outras que resistem mais e demoram para dar o primeiro passo...

Nicanor – Cada alma é um universo à parte e tem seus próprios processos e idiossincrasias. É bela essa diversidade da vida e de tudo o que o Pai permite existir neste multifacetado e infinito Cosmo. Certamente, existe a questão da maturidade que se adquire com a vivência e o tempo. Não se pode exigir que uma criança tenha a mesma maturidade de um adulto. Todavia, existem adultos imaturos, apesar da idade biológica. Traçando um paralelo com o espírito, há que se ter paciência com o caminhar de certas almas ainda infantis, pois só o tempo lhes dará o combustível da consciência ampliada. Há outras que, apesar de já serem velhas como viajantes da infinita jornada espiritual, e normalmente com avantajado intelecto, resistem à força propulsora do progresso espiritual, que exige amadurecimento dos sentimentos também e não apenas da razão. Soma-se a isso, aprisionamentos acentuados a vícios do passado, como por exemplo apegos ao mundo material e às sensações do corpo físico.

Existem almas que vagam milênios e milênios pelo Cosmo, encarnando e desencarnando, muitas vezes presas em suas próprias mentes viciadas no mundo astral. Nestas, a bendita Lei do Carma será implacável e proporcional ao mal que fazem a si e ao próximo. Umas aprendem mais rápido, outras mais lentamente, e outras tantas tentam manter vivas as egrégoras do orgulho, ódio, arrogância, egoísmo e apegos a densas paixões até o limite da insuportabilidade da dor mental-emocional. Há, inclusive, muitas que se viciam na dor e adotam posturas verdadeiramente patológicas de masoquismo, sadismo e sadomasoquismo. Estas demorarão mais tempo ainda mergulhadas nesse lamaçal psicológico. Todavia, um dia, em algum lugar do Universo, se cansarão e pedirão forças ao Pai, quando então lhes será possível "ver" as mãos que sempre estiveram estendidas para apoiá-las e começarão um longo trajeto de cultivo da humildade, de autoaceitação, autoperdão, de fé na infinita bondade divina e de autoconfiança em sua capacidade de se redimir e reconstruir uma nova trajetória de vida espiritual.

Pergunta: Poder-nos-ia trazer algumas palavras em relação a determinadas almas que já decidiram pelo caminho da Luz, mas que padecem entre os vícios do passado e a mente que já vislumbra novos horizontes espirituais?

Nicanor – Decidir pelo caminho do bem já é um importante passo, mas não se evolui se não se sai do lugar. É preciso dar o primeiro passo no caminho do mergulho no autoconhecimento e na autotransformação; esse é um processo inevitável. Há, portanto, muitas almas que demoram certo tempo até amadurecerem o suficiente para iniciar a caminhada da autoredenção. Contudo, estarão naturalmente sujeitas à Lei do Carma como instrumento educador.

Em algum momento reencarnatório, essas almas despertarão para novos horizontes de percepção, descobrindo que ir à igreja, ao templo ou centro espírita representa atitude importante para sua melhoria interior e de comportamento – e de fato são – , mas ainda denotam serem etapas básicas ou mesmo primárias do buscador da Luz, pois, em muitos casos, por trás dessa busca pode estar o interesse em mostrar ao mundo e a Deus que se tornou obediente a cláusulas burocráticas institucionalizadas pelos ritos religiosos, significando, portanto, uma fase infantil do buscador. A próxima etapa será iniciar um longo trabalho de autopercepção, autodescoberta interior, de encontro consigo mesmo e de transformação de cada aspecto seu endurecido no orgulho, na vaidade e no egoísmo, ou de fatores aprisionados a vícios milenares e necessitados de lapidação.

Quando a alma chega a esse ponto, começa seu trabalho de regeneração. É isso que se espera para a população terráquea nesta nova fase planetária aquariana. Essa regeneração será longa e exigirá despender esforços de renúncia consciente aos vícios, aos impulsos do egoísmo, do orgulho e da vaidade. Haverá tropeços inerentes à corajosa caminhada autotransformadora e, respondendo ao vosso questionamento, esses tropeços deverão servir de medicamento homeopático ao caminheiro, para que se fortaleça cada vez mais em relação às questões que lhe têm causado tropeços. Caberá à alma o cultivo do autoperdão para que não estacione na improdutiva culpa. E que o remorso e a tomada de consciência por equívocos ou erros cometidos lhe sirvam de elementos para análises e meditações, assumindo um "papel" de catalisador do amadurecimento espiritual. É preciso que assuma, com responsabilidade e coragem, os seus carmas e o seu processo renovador, sem pieguices, autopunições, culpas ou vitimismo.

Obviamente, caberá a cada um sentir se está sendo conivente com suas mazelas ou se está, de fato e sinceramente, empreendendo esforços equilibrados rumo à Luz. Assim, a evolução em estágios intermediários da jornada funciona como um pêndulo entre o que a alma foi e o que ela traz de condicionamentos versus o que ela gostaria de ser em sua totalidade e que às vezes está limitado a ideais excessivamente atrelados somente ao campo mental, ou seja, ainda não imerso no sentimento, o que promove atitudes inseguras no lado do bem, gerando essa oscilação entre suas mazelas e suas virtudes – ainda em construção ou sedimentação.

Pergunta: O que seriam esses esforços equilibrados?

Nicanor – Nem demasiadamente intensos e além da própria capacidade, sob risco de causar danos ou traumas psicológicos, muitas vezes tendo na raiz pressão do orgulho espiritual desejando ser mais evoluído do que de fato se é, nem regateando esforços de renúncia àquilo que o aprisiona a condicionamentos da psique, que traz histórias milenares impregnadas.

Seria como encontrar o "caminho das pedras". Quem ainda se encontra distante de elevados preceitos espirituais e não mergulha profundamente no processo de se autoconhecer e se autotransformar verdadeiramente, estará sujeito a ilusões e a conflitos na vida. E mesmo aquele que se encontra firme na sua trilha espiritual apenas em entendimento racional, o que já representa um avanço, ainda tem muito a caminhar, pois precisa cultivar amor dentro de si. Para almas que ainda se encontram nesses estágios, haverá momentos de lutas interiores e de renúncias dolorosas até descobrir o caminho do discernimento e da evolução pelo amor a si e ao próximo. Não um amor inconsciente, ou por imitação, ou para mostrar vaidosamente aos outros que se tornou do bem, mas um amor profundamente consciente, sincero, sereno e lúcido.

O que queremos dizer é que a caminhada deverá ser repleta de alegria, fé, esperança e boa vontade, mesmo sentindo-se cheio de imperfeições, mas imbuído do propósito de melhorar a cada dia um pouco. E, havendo tropeços, que se levante a cabeça com motivação e se prossiga a jornada rumo à Luz com persistência e humildade. Esse processo de encontro do próprio "caminho das pedras", isto é, de sentir que seu processo evolutivo é prazeroso e não amargo, leva certo tempo. Cada ser responderá de acordo com o seu ritmo pessoal de ampliação do discernimento e de sentir o amor do Cristo permeando a si e a todos.

Pergunta: Quer dizer que essa oscilação pendular entre o bem e o mal que habita o ser ainda em estágios intermediários de evolução é normal?

Nicanor – Não somente é normal como deve ser respeitada, compreendida pacientemente, e tolerada com sentimento de compaixão, tanto por parte da alma para consigo mesma como para com as imperfeições dos outros que estão ao seu lado ou no seu caminho. O importante é não estacionar na caminhada.

Pergunta: Em geral, temos visto muitos relacionamentos afetivos se romperem exatamente pela impaciência, falta de compreensão e intolerância para com as imperfeições do(a) outro(a). Às vezes, uma das partes, ou as duas partes, não consegue suplantar, também, ódio ou outros sentimentos densos trazidos de vidas passadas e que envolvem o casal...

Nicanor – Como muito já se fala e se conhece na Terra: Deus não dá uma carga além da capacidade de cada um suportar. Mesmo assim, exatamente pela insuficiente paciência e capacidade de tolerar, aliada à falta de cultivo de amor-compreensão, amor-respeito, amor-perdão e amor-compaixão, há muitos casos em que o ser humano não reage positivamente aos desafios da vida, às oportunidades oferecidas por Deus para que redima suas cargas cármicas negativas e transforme orgulho e ego feridos em estados íntimos de humildade e renúncia. A bondade infinita do Pai permite que nasçam numa mesma família inimigos do passado, ou que um casal se reencontre e descubra as oportunidades de crescimento mútuo. E mesmo assim, há muitos que não resistem às pressões exercidas pelas mazelas cultivadas há séculos no seu mundo interior, e assim renunciam à oportunidade de redenção.

Pergunta: Mas a infinita bondade do Pai sempre permitirá novas encarnações retificadoras àquelas almas que não se perdoam ou não encontram o caminho do amor como fonte única de pacificação...

Nicanor – Sim, isso é verdade, mas há que se avaliar o fato de que sempre há mais almas desejando ou necessitando encarnar do que corpos disponíveis para o reencarne. A economia do Universo está a todo instante nos lembrando que devemos aproveitar as nobres oportunidades impressas numa reencarnação. Há muitos casos de desprezo, irresponsabilidade, orgulho e egoísmo endurecidos que levam grande massa de almas a praticamente estacionar ou evoluir muito aquém do que poderiam, durante uma encarnação.

Se uma ou duas almas fogem aos compromissos cármicos e de ajustamento de sentimentos, tais compromissos estarão automaticamente perseguindo-as, em qualquer lugar do Cosmo, por mecanismos cósmicos inerentes à bondade divina, que estará oferecendo oportunidades a todo instante para que a alma amadureça. Fugir dos compromissos e de si mesmo é pura imaturidade. Chegará o instante em que esses encontros serão inevitáveis. Portanto, é melhor a alma encarar logo, com coragem e disposição transformadora, os desafios que o Amor Universal lhe coloca no caminho.

Pergunta: Mas há situações em que, talvez, a alma não esteja capacitada ou amadurecida o suficiente para enfrentar o desafio, ainda. Por isso, ela se recusa a enfrentá-lo...

Nicanor – Os mentores de almas, inspirados por anjos do carma e auxiliados por amoráveis guias espirituais, sabem o momento certo em que cada alma já se encontra pronta para enfrentar seus desafios (internos e externos). E repetimos: jamais colocam um peso além da capacidade que a pessoa possa suportar. O que ocorre é que, regra geral, as almas recusam fazer o esforço de carregar suas cargas cármicas e de compromissos transformadores, por revolta, indisciplina, orgulho impermeável à humildade e falta de vontade de renunciar ao individualismo, ou ainda fraqueza para dominar seus impulsos negativos ou vícios milenares arraigados.

Mas qualquer alma que ainda não internalizou profundamente os preceitos superiores em seu íntimo está sujeita a fraquejar, e nosso Pai a perdoará sempre por suas imperfeições. Ela, porém, estará sujeita à ação da Lei do Carma e às oportunidades encarnatórias que lhe sejam viáveis, pois abundância de procriação somente existe em planetas com civilizações primárias ou atrasadas na evolução. Isso significa que o grau de rudeza no egoísmo, orgulho, vaidade e viciações de uma alma é que determinará o ambiente necessário e igualmente proporcional ao seu reencarne. Quanto mais bruta a pedra, mais trabalho terá o esmeril para lapidá-la e tanto mais bruto ou rude será o ambiente onde reencarnará.

Pergunta: A alma terá sempre que reencarnar para lapidar-se? Não poderá ir se aprimorando no plano astral? Ou pelo menos, não poderá reencarnar em planetas com civilizações mais avançadas e lá ela irá se aprimorando pelo bom exemplo da ambiência em que estiver imersa?

Nicanor – Existe uma lei da física que é aplicável em qualquer ambiente do Cosmo: é a lei da densidade relativa dos gases e que tem o mesmo princípio de aplicabilidade aos compostos energéticos. Afinal, no Universo tudo é energia, esteja ela em estado condensado ou fluídico, em seus variados graus de densificação ou diluição, e a física quântica terrena já elucida essas questões.

Um pulmão humano que produz gás carbônico, ao encher um balão (bexiga, bola), este descerá, ao contrário daquele que foi enchido com gás hélio, que subirá (como os que se vê nos parques de diversões). Percebe-se então que um gás é mais leve que o outro. Obedecida a mesma lógica seguem os diversos corpos, sutis ou densos. Deve-se considerar aí que os corpos são feitos de energia e há alguns, em planos sutis ou nos mundos astrais e mentais, que são compostos por gases, da mesma forma que muitos planetas e estrelas. Assim funcionam os corpos utilizados pelas almas: uns mais densos e outros mais sutis, condizentes com o que cada um pensa, sente, somado ao que carrega de carmas, bem como com o que traz em seus registros akásicos e DNA astral, possuindo maior ou menor densidade. Em ambientes mais sutis, é certo que a densidade de seres e coisas, bem como a pressão atmosférica, será menor que em ambientes mais densos.

Portanto, existem leis da física que não podem ser alteradas. Um ser com pesada densidade psíquico-energética (com elevado grau de primariedade ou rudeza), para que suba a ambientes mais leves, com alta frequência mental, alta concentração de amor e elevada disposição em servir fraternalmente (o que denotará elevada potência de energia realizadora), precisará ir drenando sua aura por meio de variadas reencarnações, as quais terão um papel essencial de promover a lapidação pelos atritos inter-relacionais, que gerarão oportunidades de suor (via esforço) ou sofrimentos indispensáveis para que o ser aprenda a respeitar leis humanas e cósmicas, se sensibilize gradativamente e aprenda a amar.

Cada encarnação, através do corpo físico, funciona como um filtro que vai absorvendo em cada vida biológica a rudeza da alma, deixando-o impregnado de doenças, desequilíbrios ou toxinas e, ao morrer fisicamente, será devorado pelos vermes e micro-organismos da terra ou arderá no fogo do crematório, dissipando energias negativas ou densas. Um ser denso não suportaria a elevada carga de energia sutil dos ambientes elevados espiritualmente. Um composto energético denso tenderá a descer e um sutil a subir, como processo natural de relações de frequência.

No Universo existem infindáveis tipos de vida e de respectivos ambientes físicos. Sem dúvida, existem encarnações de almas densas em ambientes mais evoluídos, em outros sistemas solares distantes da Terra. Esses seres demorarão uma infinidade de tempo para amadurecer, se comparados com aqueles que enfrentam desafios mais intensos, como em planetas de provações. Além disso, chegará um momento em que essas almas encarnarão em planetas de provações com missões de colaboração ou mesmo para serem testadas em sua firmeza de propósito. Há muitos casos em que acabam se enovelando em carmas e passando muito mais tempo que o previsto, presos energeticamente (em razão dos carmas) a esses planetas mais rudes.

No caso de encarnação de anjos que podem encarnar em planetas de expiação, estes trazem outras missões celestiais para os orbes e seus habitantes, diferentes dos seres humanos em estágios iniciais, intermediários ou mesmo finais de evolução no reino evolutivo em que se encontram, os quais encarnam com finalidade de provações.

Não existe o melhor caminho para se evoluir; existem caminhos diferentes. Mas todos são importantes e trazem oportunidades com características apenas diferentes umas das outras; e todas trazem desafios e tempos diferentes, assim como cada alma tem sua própria natureza e respostas frente aos desafios que os ambientes lhe oferecem.

Pergunta: Quer dizer que o sofrimento é condição necessária para uma alma se lapidar?

Nicanor – Não necessariamente, mas geralmente, em especial as almas renitentes em efetuar modificações íntimas. Há almas, em qualquer natureza de orbe, e isso representa a minoria, que avançam de forma mais harmoniosa e até com certa rapidez. Todavia, e guardadas as relativas situações vivenciadas em ambientes dos mais diversos, em média, mais de 90 por cento seguem por caminhos lentos, em processos retardatários, e se aprisionam carmicamente em planetas de provações. Normalmente, levam para outros planetas seus débitos para com a Lei Cósmica, demorando milênios para se libertar deles e iniciar uma nova etapa evolutiva, livre dos pesos cármicos, com a mente mais leve e aberta, com o coração mais tranquilo para ampliar sua capacidade de amar fraternalmente, tendo o Cosmo como limite.

Pergunta: Parece que o processo de vivência do amor está sempre atrelado a processos de dor da alma, sofrimento por perdas, sofrimento por conflitos, e assim por diante...

Nicanor – O sofrimento existe na proporção em que existir a dureza no coração e na mente, condicionados aos padrões mais densos da vida: orgulho, vaidade, egoísmo ou aprisionamento psicofísico a vícios em paixões inferiores.

O verdadeiro amor liberta e não aprisiona, é expansivo e não restritivo, é desapegado e não aprisionante, é respeitoso e não agressivo, é doce e não amargo, é suave e sereno e não intempestivo e agitado, é rico em cuidado e atenção e não apático, é fraterno. Muitas vezes, o terráqueo confunde amor com paixão. O primeiro é pleno e o segundo passageiro; o primeiro tem raízes mais profundas e o segundo superficiais; o primeiro gera sentimento libertário e o segundo, aprisionante.

Relacionamentos entre casais, entre familiares, amigos, colegas e vizinhos, muitas vezes estão enovelados por carmas do passado e por isso estão sujeitos a conflitos. E nesses casos, somente o perdão, a compreensão, o respeito, a compaixão e o amor cultivados na intimidade da alma poderão reverter o quadro de trocas energéticas densas e aprisionamentos cármicos. Se uma das partes tomar a iniciativa positiva, será o primeiro e importante passo para a paz e harmonização relacional.

A maioria dos relacionamentos existentes na Terra ainda é de caráter obsessivo, seja por ódio e vingança, ou pendências cármicas, seja por simples apego ao corpo e às emoções, ou mesmo ao afeto sufocante de um ente querido, face a inseguranças e carências afetivas envolvidas. A segurança verdadeira reside no mundo interior de cada um e não fora.

Pergunta: Poder-nos-ia dar mais detalhes sobre como se processa essa obsessão, mesmo em casos em que não há pendências cármicas, ódio ou vingança envolvidos na relação, mas simplesmente afeição ou querer bem entre almas?

Nicanor – No atual estágio evolutivo da maioria dos terráqueos, há muita confusão no entendimento e na forma de se vivenciar o amor. A afeição, quando mergulhada em processos interiores de dominação e impulsos escravizadores, torna-

-se doentia, sob o manto artificial e fantasioso do bem-querer.

O fato de duas ou mais pessoas se gostarem não quer dizer que não criem processos obsessivos entre si, fruto de apego excessivo ou doentio. São aquelas relações em que há dependência de um sobre o outro, e vice-versa. O verdadeiro amor não cria dependência, que é um tipo de escravidão emocional. É o que na Umbanda se convencionou chamar de "encosto". A carência efetiva alimenta o encosto e acabam surgindo processos de vampirização do mais carente ou do mais fraco sobre a outra parte. E isso pode ocorrer entre encarnados e entre encarnados e desencarnados, e mesmo entre desencarnados.

As relações entre duas pessoas são como um treinamento da alma para sair de si própria e aprender a amar uma outra pessoa. Não devendo estacionar aí, e sim continuar a expandir essa prática de forma fraternal, como aprendizado para atingir a capacidade de doação (isso não quer dizer promiscuidade ou envolvimento afetivo-sexual, mas sim em termos de expansão e multiplicação de amor fraterno, como de pais para filhos, entre irmãos, amigos).

Normalmente, o apego excessivo entre duas pessoas denota egoísmo de ambas e dificuldade em expandir esse amor para outras pessoas e seres da natureza. O amor é para ser expandido, em forma fraternal. Assim, a alma começa a experimentar o amor desapegado, universalista, e que promove liberdade e não aprisionamento e dor. O amor fraternal, universalista, não gera sofrimento, e sim alegrias. Aliás, o afeto sentido por duas pessoas deveria gerar alegrias e bem-estar e não sofrimento e tristeza.

Há muitos casos de traumas e patologias nesta "escola terrena", às vezes com histórias centenárias e até milenares envolvendo relacionamentos de casais e familiares, balizados por ciúmes, inveja, baixa autoestima, falta de autoconfiança, antigos débitos cármicos escondidos no subconsciente e expressos em cobranças sobre traições, separações, abandonos e manifestações de medo por perda, dentre outras nuances de desequilíbrios envolvendo as partes.

Pergunta: Quer dizer que o afeto entre duas pessoas não é o que o Amor Universal espera da alma em aprendizado?

Nicanor – A questão não é bem assim. Analisemos o quadro com cuidado. O amor entre duas pessoas é belo e deve ser expresso em sua mais sublime forma. Que cada qual assuma o nível evolutivo em que se encontra, sem medo de sair de si mesmo em direção ao Universo, sem travas que o impeçam de descobrir sentimentos que estavam acomodados nos esconderijos da alma. Assim como é preciso deixar aparecer o joio no meio do trigal, para que não prejudique a colheita e dela possa ser retirado, é importante que a alma deixe sair de dentro de si sentimentos represados ou adormecidos, a fim de que os bons sentimentos possam ser identificados e expandidos, e os desequilibrados igualmente possam ser identificados e educados.

O afeto trocado entre um casal é um bom início para que ambos aprendam a amar outros seres. Quando surgem filhos, e depois netos, então essa oportunidade de expansão vai se concretizando, de fato, além da já existente oportunidade de vivenciar amor entre pais e filhos, e entre irmãos. Ou seja, aos poucos, vão expandindo seu amor em direção aos mais próximos para, em seguida, alcançar os mais distantes, até que um dia sabiam amar a todos. Traumas, débitos, culpas e impulsos de ódio e vingança, quando reflexos de um passado denso entre esses membros familiares, são oportunidades expressas pela aproximação da consanguinidade para que se possa viver e se treinar amor-compreensão, amor-paciência, amor-tolerância, amor-perdão, amor-compaixão, amor-doação.

Assim sendo, é importante ressaltar mais uma vez que o amor entre duas pessoas é praticamente a base em que se apoia o aprendizado do amor fraterno. Um casal experimentará conflitos, dificuldades e desafios resultantes de viciações passadas, de egoísmo, orgulho e vaidade, além dos estímulos do ambiente que a vida lhes criará como instrumento de educação de cada alma e do casal. Muitos são reprovados no enfrentamento dos desafios; outros conseguem parcialmente superá-los, e poucos ultrapassam as barreiras das próprias mazelas e amadurecem ainda mais. Mas todas as experiências de vida, no mundo encarnado ou não, são oportunidades de amadurecimento das almas, e a dor e o sofrimento são medicamentos espirituais essenciais e funcionam como catalisadores da maturação consciencial e dos sentimentos.

Uns demoram mais que outros para amadurecer por possuírem orgulho, vaidade e egoísmo mais acentuados, ou por não despenderem o suficiente esforço rumo à educação dos impulsos primários. Outros se deixam mais facilmente penetrar pelas luzes do Amor Universal que permeia a tudo e a todos e, assim, impulsionam com mais determinação e progresso sua evolução.

De qualquer maneira, o afeto entre um casal deverá ser sim vivenciado e expandido, e será de extrema importância para dar sustentação à relação harmoniosa e servir de insumo para se curar dores, traumas e inimizades do passado. O que exige atenção é que o excesso desse afeto não se converta em apego doentio, cobranças descabidas, domínio e posse do outro, num ato de desrespeito à própria individualidade. A expansão do afeto nessas fases da evolução humana é treino necessário, representando importante exercício de amadurecimento da alma para estágios mais avançados de amor fraterno.

Pergunta: Poder-nos-ia citar algum exemplo de como sair desse amor individualista ou de casal em direção ao meio, ao mundo e ao Universo?

Nicanor – Vários dos leitores já devem ter conhecido a história de casais que se amavam muito, tiveram filhos muito amados e depois de algum tempo aconteceu alguma tragédia na família, como a morte de algum membro ou a perda de emprego do marido, uma doença grave e incurável da esposa. Há muitos casos de neutralização de débitos cármicos nessas histórias, mas, ao mesmo tempo, há nelas benditas oportunidades oferecidas pelo Pai Maior para que as pessoas aprendam a amar seres além de seu círculo familiar, pois todos caminham em direção ao amor fraterno-universal, que é o clímax da expressão do amor. Afinal, todos somos irmãos diante de Deus.

A Era de Aquário a ser instalada na Terra de forma consistente pressupõe o exercício da regeneração em cada alma e na coletividade, e nesse escopo se encontra o cultivo do amor fraterno para além dos círculos familiares, indo em direção a todos os habitantes do planeta. Mais que isso, em direção a todos os seres que aportarem neste planeta. Essas oportunidades de amor a dois, no círculo familiar, entre parentes e amigos, são respectivamente treinamentos para a alma sair do amor apegado e próximo (que sem dúvida já é um grande avanço) para expressões mentais-afetivas mais abrangentes, em que os horizontes sejam tão infinitos quanto o tamanho do Universo, assim como o amor do Pai Celestial.

Pergunta: Foi dito anteriormente que a paixão é uma expressão passageira das almas numa relação, e que o amor é algo mais perene. Quer dizer que a paixão não seria algo a ser vivenciado para quem deseja evoluir?

Nicanor – Não; pelo contrário. A paixão, que é uma expressão do amor ainda preso a impulsos emocionais, a sensações e formas físicas, é componente intrínseco a quem está na estrada do amadurecimento e faz parte do processo de aprimoramento da sensibilidade da alma que vem de etapas grosseiras e extremamente instintivas. O amor se expressa no Universo desde as formas mais primárias, passando por intermediárias, até às mais sublimes. E a trajetória da alma por todas essas etapas é inerente a quem está no caminho e, portanto, devem ser vivenciadas sim.

Quem vive apenas no mundo virtual não experimenta a vida no terreno real, e para que haja evolução com consistência é indispensável enfrentar e viver a vida no mundo real. É preciso deixar sair paixões aprisionadas e vivenciá-las. Importante, porém, é não se deixar estagnar e se aprisionar por contínuas e longas experiências de paixões, sem trabalhar os efeitos que delas surgirem, como decepções, mágoas, frustrações, dores e aprendizados. Depois de muitos tropeços, o ser vai amadurecendo e compreendendo que precisa subir no degrau do amor e passar a vivenciar processos mais maduros de relacionamento.

Replicando: é crucial não se estacionar no caminho. Se

houver paradas excessivas, considerando que existe uma economia e contabilidade cósmicas, quem se encontra em zonas densas da consciência e da matéria, certamente sofrerá pressão do fator tempo. Por isso, há que prosseguir no caminho, sob risco de se padecer em dores e sofrimentos ou outras formas de patologia da alma, adiando sentir com mais plenitude o verdadeiro amor e a verdadeira felicidade.

Pergunta: Temos visto em estudos e teorias no campo da administração contemporânea que a vida, para que seja vitoriosa no campo profissional, em processos gerenciais, em projetos e mesmo nas relações, é preciso que seja vivida com paixão, senão ela se torna fria, sem sal, e as metas idealizadas dificilmente serão alcançadas ou, se alcançadas, o processo será mais difícil ou doloroso. O que o irmão nos diz sobre esse pensamento?

Nicanor – Cada alma deve, humildemente,[6] aceitar o nível evolutivo em que se encontra e aceitar-se com suas imperfeições, a fim de que possa, a partir daí, iniciar uma jornada de ascensão; jornada essa que será longa e exigirá firmeza de propósito e disposição de se levantar e prosseguir sempre que houver tropeços e quedas. Conforme já foi dito várias vezes, a evolução não dá saltos e, portanto, cada ser deverá vivenciar e passar por situações de vida e estímulos que lhe promovam respostas condizentes com o estágio de maturação em que se encontra. O Universo não exige nada de ninguém e, ressaltamos novamente, a Lei jamais coloca peso acima da capacidade de cada um suportá-lo e carregá-lo.

Para quem ainda não alcançou certo estágio evolutivo em que possa realizar as atividades inerentes à vida com prazer espontâneo, com dedicação amorável e repleto de felicidade, desde arrumar uma cama ao acordar, lavar louças, ir ao tra-

[6] Há muitas almas que acreditam, mentalmente, estar acima do estágio evolutivo em que verdadeiramente se encontram, adotando uma postura espiritual orgulhosa e vaidosa, que pode gerar enganos e cegueiras seculares ou até milenares. O ser não passa para novos planos evolutivos se não amadurecer até certo nível em sentimentos e habilidade transformadora de impulsos primários em componentes construtivos para a alma. Acreditar que se evolui é importante e alimenta o pensamento e a postura positiva diante da vida. Todavia, é preciso que o caminheiro exercite constantemente a humildade no fundo da alma, para saber onde seus sentimentos e impulsos, de fato, se encontram dentro de si e o quanto necessitam ainda ser trabalhados.

balho e realizar seus projetos ou tarefas com boa vontade, ter paciência para com o cônjuge ou ter que educar pacientemente os filhos carregados de problemas, ajudar o parente ou o desconhecido necessitado, dentre outras realizações simples ou complexas, transformando a vida comum num sentido espiritual, então que se apoie na paixão, mesmo que passageira, e se fixe, temporariamente, em coisas ou metas materiais, ou a pessoas, e apegado ainda a belezas físicas ou sensações passageiras.

Assim, sem dúvida, vivenciar estados de paixão terá uma grande força realizadora, pois não deixa de ser energia do amor, ainda que em nível denso ou apegado a aspectos passageiros. Há que se ter consciência, contudo, que a paixão não é perene e que aprender a desenvolver outros níveis de amor dentro de si implica em se desapegar dela, pois, do contrário, o próprio Universo lhe oferecerá situações e oportunidades para que, pelo enfrentamento da dor e sofrimento, aprenda a amadurecer seus sentimentos e consciência em direções mais amplas, elevadas e sutis, muito além da paixão.

Há que se atentar para o fato de que muitas vezes as pessoas podem confundir paixão com dedicação, boa vontade, compaixão e sentimento de doação ardente em servir ao próximo ou a quem quer que seja, sem nada esperar em troca, nem mesmo um obrigado, porque o serviço foi incondicional.

Pergunta: Pensamos que desapegar-se dos atrativos materiais e do mundo das formas representa um grande desafio para enorme parcela da população terrena, que, em muitas situações, se deixa viciar pelas paixões e pela dopamina e outros hormônios secretados no organismo quando se está sob esse estado de excitação emocional.

Nicanor – Isso de fato ocorre. Certos hormônios causam sensação de bem-estar. Há uma série deles, como a dopamina, que são secretados pelo organismo em função de estados emocionais de súbita paixão, por exemplo, com descargas intensas no sangue. Porém, há outros que, após os momentos ou períodos passageiros da paixão, também passam a operar influências no estado emocional da pessoa, causando também bem-estar e sensação de maior segurança, que são aqueles implicados quando o amor verdadeiro e mais alicerçado no companheirismo, compartilhamento e cumplicidade, começa a tomar o lugar da paixão. E a paixão, súbito impulso emocional, pode ser fruto de encantamento com filhos (muitas vezes, reflexo de reencontros do passado em que houve relações afetivas), com professores, cientistas ou escritores (pela admiração do intelecto), com cantores e músicos (pela *performance* e bela música que produzem, em sintonia com o gosto do ouvinte). Há inclusive aqueles que se apaixonam por um carro, por uma casa ou outros bens materiais.

De fato, qualquer apego apaixonante será passageiro, sendo que em algumas pessoas esse processo pode demorar mais que em outras. De qualquer modo, paixões são impulsos que não se sustentam pela eternidade. Quando o amor toma o lugar da paixão, então começa um processo de sedimentação de afeto, de respeito, de colaboração e troca, de atenção e dedicação, de entrega mais consciente. É fato que, em certos casos de paixão avassaladora, a pessoa pode se entregar por impulso emocional, mas certamente não haverá consciência profunda naquele ato. Por isso, no ditado popular costuma-se dizer que o amor é cego. Na verdade, a paixão é cega. O verdadeiro amor é consciente e lúcido.

Desprender-se dos estímulos que provocam estados de paixão, de fato, não é simples para quem está mergulhado na carne, para quem já encarnou muito e se viciou bastante nesses hormônios, e no que eles provocam de sensações. Ou mesmo para aqueles espíritos novos que começam a experimentar essas sensações e iniciam uma longa jornada de aprisionamento a eles. Somente o amadurecimento da consciência será capaz de ir libertando aos poucos a alma desses estímulos. Há muitos casos, inclusive, em que graças à intervenção de guias espirituais e orientadores do plano superior, certas almas evitam lidar com pessoas ou estados emocionais que as aprisionariam mais ainda a tais sensações, pelo momento que essas almas tenham alcançado, como estratégico para o começo da libertação desses apegos.

Reflexos condicionados, fruto de repetições de atos, pensamentos e estados emocionais, realmente viciam a alma. Mas há momentos em que se torna necessário iniciar o desapego e distanciamento deles, não de forma inconsciente e igualmente impulsiva, e sim de maneira alicerçada na compreensão e consciência madura de que continuar se aprisionando a eles só causará sofrimentos e dores. Além do que, é preciso a alma amadurecer em direção ao verdadeiro amor, que liberta e não aprisiona, que sai de fixações pequenas, materiais, ligadas a formas, a sensações e a emoções passageiras, ampliando então suas aspirações para aspectos perenes da alma, relacionados com sentimentos e raciocínios superiores.

Pergunta: Como dar o primeiro passo para essa libertação das sensações e paixões passageiras?

Nicanor – Não se alcança estados mentais e sentimentais superiores do dia para a noite. O processo será longo e demanda momentos de renúncia, que devem ocorrer sem revolta, resignadamente e de forma consciente. Muitas vezes, a alma se vê desesperada porque desencarnou um ente querido, um cônjuge, ou porque este se separou e resolveu seguir outro rumo na vida, ou porque houve um rompimento abrupto de uma relação. Daí vem a revolta com a situação, a não aceitação da situação, como a criança que chora quando não lhe permitem comer o chocolate, ou então sobrevém-lhe um estado de desesperação, amargura, tristeza, depressão, tudo como reflexo da não aceitação do fato e da revolta travestida de tantos outros sintomas do orgulho.

Mas é preciso que todos estejam certos de uma coisa: Deus só deseja o melhor para Seus filhos. E é como se diz no ditado popular: há males que vêm para o bem. Na maioria das vezes, a pessoa se revolta quando algo "aparentemente" ruim lhe acontece, mas no fundo foi algo de bom que lhe ocorreu, ao se analisar sob uma perspectiva espiritual ou de longo prazo, pois o ser somente consegue ver no curtíssimo prazo a dor decorrente do orgulho e do ego feridos.

Evidentemente, há casos em que, por conta das próprias fragilidades internas, uma das partes não suporta mais administrar seu carma e os desafios que um encontro ou encontros de pessoas do passado deveriam lhe proporcionar como oportunidade de lapidação da impaciência, da intolerância, do impulso de vingança escondido no subconsciente, do ódio, revolta, violência ou outra mazela trazida de vida ou vidas anteriores. E então, a pessoa sai do lar ou se afasta dos compromissos do passado. É evidente que, se uma relação chegou a ponto de gerar violência e quando não há o menor clima para se viver conjuntamente, é melhor a separação e evitar-se tragédia maior. É como o aluno que se recusa a estudar e a absorver o conteúdo ensinado e chega uma hora em que não dá mais para continuar na turma. Com isso, ele é reprovado e terá de repetir a série, a disciplina ou o curso, em outra oportunidade.

Dar o primeiro passo para libertar-se de mazelas do espírito implica mobilização de esforços íntimos para reposicionar o pensamento e as atitudes, pois somente com o tempo as emoções e os impulsos dos instintos irão se educando. A mente redirecionada funcionará como o GPS, dando nova direção para o pensar. Sempre que vierem pensamentos indesejados ou presos aos vícios passados, a pessoa deverá não dar alimento a esses pensamentos, e então deverá cultivar outros, desviando a atenção daqueles pensamentos viciados de outrora que estão armazenados no subconsciente e que tentam dominar o nível consciente do ser, gerando processos auto-obsessivos que acabam por se fortalecer quando ocorre a junção com pensamentos de entidades desencarnadas viciadas nos mesmos pensamentos e impulsos, proporcionando sintonia e obsessão de terceiros.

Se houver tropeços da pessoa, ou incapacidade de suportar a pressão mental para incorrer em atitudes viciadas do passado, ela não deve se revoltar, muito menos se afundar em culpas e estados mentais não construtivos. Pelo contrário, é importante a tomada de consciência, o remorso passageiro, o autoperdão e muita reflexão sobre aquela determinada mazela que precisa ser transmutada. Em seguida, encará-la de frente, como num diálogo com um amigo em estado de desequilíbrio: "Eu te aceito como és, imperfeita, parte de mim, mas sinceramente quero que mudes teu padrão de energia, que te tornes mais elevada, que te transmutes rumo ao teu oposto em polaridade energética, que te eleves em vibração e expressão energética, que sejas mais amorável, menos egoísta, menos orgulhosa...". E assim deve proceder conforme o tipo de mazela que se queira trabalhar.

Seria como domar um animal selvagem, o que exige paciência, tolerância, persistência, ao mesmo tempo que compaixão e doçura, mas também firmeza, determinação, de modo a não permitir que emoções como tristeza, lamentações, ou mesmo indolência, encubram sentimentos serenos e propósitos mentais superiores.

Se a fixação mental e a prática de certos atos passados mais rudes puderam gerar reflexos condicionados negativos, igualmente o inverso será verdadeiro. A descontração desses reflexos ocorrerá exatamente transformando-os pelas boas práticas, pelo cultivo dos bons pensamentos. Tropeços serão partes integrantes da caminhada, para que o caminheiro amadureça. Todavia, torna-se primordial que se medite sobre o fato ocorrido e que busque forças interiores, que tenha a humildade de pedir forças a Deus, por meio da oração, para enfrentar os desafios que provêm de dentro de si mesmo, pois esses é que são os verdadeiros e mais fortes inimigos da alma.

Durante esse processo, observar (vigiar) os pensamentos e os sentimentos que habitam o mundo interior são práticas essenciais que irão exigir certo grau de esforço pela renúncia ao velho e pelo cultivo do novo. Não um esforço que exaure o caminheiro, mas um esforço equilibrado, sereno e sempre buscando chegar à fronteira de sua capacidade, se se deseja um avanço mais consistente e uma maior valorização do tempo dado pelo Pai Celestial. Essa valorização do tempo por meio do autoesforço transformador denota uma atitude de gratidão a Ele, pelas oportunidades que lhe oferece para amadurecimento íntimo. O ginasta só avançará em *performance*, se houver esforço para chegar na fronteira do seu limite e fizer aquele pequeno esforço adicional, sem exageros, mas firme no propósito de avançar mais um grau para frente, sob risco de estacionar na zona de conforto.

Contudo, até mesmo essa pessoa que estaciona na zona de conforto chegará um dia, talvez em outra encarnação, a dar mais um passo à frente, e este exigirá certo nível de esforço, para que não permaneça estacionado e se sinta culpado por não ter feito o necessário para avançar.

Pergunta: Precisamos retornar ao tema da paixão, porque esse é um assunto por demais discutido e vivenciado nos dias de hoje, gerando dúvidas e conflitos relacionais. Foi afirmado alhures que a paixão é passageira e que a pessoa deve evitá-la. Mas temos visto, lido e ouvido o quanto ela pode ser amiga do progresso, como combustível para a pessoa seguir a vida com determinação e bem-estar. Seria até o bem-estar decorrente da paixão algo negativo?

Nicanor – Reafirmando o que já dissemos anteriormente, cada alma deve aceitar e viver o estágio evolutivo em que se encontra. Isso, aliás, é um ato de humildade. Se vivenciar a paixão ainda vos serve de combustível para avançar e vos sentir felizes (mesmo que de forma passageira), então que a paixão seja vivenciada. Ser feliz e encontrar bem-estar não é pecado, nem está em desconformidade com quem deseja evoluir; pelo contrário. O caminheiro deve encontrar paz, bem-estar e felicidade ao longo do caminho. E cada vez que se deparar com situações e pessoas que lhe proporcionem esses estados emocionais, que o faça.

O importante é a criatura ter plena consciência do que faz, pensa e sente, e, igualmente, ter mente e compreensão ampliadas para saber que a vida avança, que para evoluir é preciso não estacionar numa esquina de prazeres e fantasias, que estas devem ser vivenciadas por aqueles que as desejam, contudo que saibam que dores causadas ao próximo, à natureza e agressões ao seu próprio corpo e alma, certamente terão um retorno cármico. Afinal, é uma lei da física cósmica: para cada ação existe uma reação igual ou proporcional.

Que o discernimento e a responsabilidade sejam seus guias interiores, sabendo que tropeços ou vivências sob domínio dos impulsos inferiores terão retorno cármico menor ou maior, à medida que a alma seja menos ou mais velha, com menos ou mais informações e conhecimentos. Erros e mergulhos no mundo da rudeza do pensar, sentir e agir são partes inerentes a quem se encontra nos níveis primários da evolução. Quem alcança o nível intermediário, vai tender a se aprisionar aos reflexos condicionados do passado em que vivia nos ambientes primários e até buscará esses ambientes. Todavia, à medida que o tempo passa e a alma ganha conhecimentos, deve começar a tomar consciência e adquirir responsabilidade para com seus atos de forma mais serena e pacífica, aceitando que a Lei da Causa e Efeito será implacável para quem resiste à força impulsionadora do progresso espiritual.

Quem foi aprovado na primeira série do ensino fundamental, ao ingressar na segunda série deve ter consciência de que o que aprendeu antes lhe será útil para absorver novos conhecimentos, mas não poderá viver preso ao conteúdo passado, porque terá que despender esforços para se adaptar ao novo ciclo em que se encontra.

Assim é a alma mediante os ciclos evolutivos, em que, apesar de ser puxada pelas egrégoras dos vícios e pensamentos antigos, terá de tomar consciência de que até poderá retornar a eles e praticar atos e pensamentos apegados a esse passado, mas a Lei da Causa e Efeito será tanto mais dura quanto mais conhecimento possuir. Contudo, se uma alma ainda traz uma carga cármica muito pesada, é sensato não esperar que ela se liberte fácil e rapidamente desse passado, nem se pode esperar que ela ascenda a voos além de sua capacidade transformadora e de subida a planos mais sutis.

Da mesma maneira que uma pessoa deve assumir com responsabilidade o pagamento de dívidas do cartão de crédito no mundo material, conforme a lei dos homens, deverá assumir com responsabilidade a colheita daquilo que plantou diante da Lei Universal, sem reações emocionais ou infantilidades, sem culpas, acusações ou ofensas descabidas, sem querer transferir para outros sua responsabilidade, mas assumindo sua colheita com maturidade, coragem e disposição para pagar seus débitos cármicos, seja pela dor, seja com o suor do trabalho reparador.

Pergunta: Pode haver situações em que a alma cometa certos erros ou mergulhe em certas atitudes, fruto de impulso ou de maneira equivocada de pensar, apesar de possuir certo grau de inteligência avançada... às vezes, até por questões culturais ou por ainda estar presa a paixões inferiores. O retorno cármico será igual ao de quem já possui conhecimento e toma certo rumo comportamental e de pensar por livre e espontânea consciência, mesmo sabendo estar errado?

Nicanor – A Lei é perfeita, Deus é justo. A Lei do Carma é dirigida por anjos de carmas, sintonizados com o Pai Maior, altamente sábios sobre o assunto. Soma-se a isso, a assistência que estes possuem de espíritos superiores que lidam diariamente com questões humanas, os quais conhecem profundamente a psicologia humana, que acompanham a realidade cármica de cada alma, com leitura dos seus registros akásicos e DNA astral, que mergulham na essência de cada ser e sabem de seus potenciais, fraquezas, tendências e traçam probabilidades futuras, com erros e acertos passíveis de serem vivenciados, utilizando-se de estatística cósmica. Enfim, possuem plena consciência dos impactos que os carmas terão, conforme a história espiritual evolutiva de cada um.

O ato de uma alma inteligente e consciente da maldade ou da atitude negativa que vai realizar, sob minuciosa arquitetura mal-intencionada, certamente terá um nível de impacto cármico bem maior do que aquela que faz algo negativo por impulso, descontrole ou que detenha informações equivocadas oriundas de formação em ambiente desequilibrado, mesmo tendo bom grau de inteligência, o que, por sua vez, terá mais impacto que a outra pessoa que age por ingenuidade, que por sua vez terá mais impacto do que uma outra que foi obrigada a fazer algo por obediência a uma norma cultural ou coercitiva do ambiente em que vive, por exemplo.

A alma que tem dificuldades de controlar seus impulsos inferiores, à medida que avança em inteligência e conhecimentos, será automaticamente cobrada por sua própria consciência para que eduque seus impulsos selvagens ou rudimentares. Todavia, se, apesar disso, ainda continua submissa a tais impulsos ou paixões inferiores, certamente a Lei do Carma terá efeitos mais diretos e proporcionais aos seus atos. As intervenções de espíritos superiores, com anuência de anjos de carmas, com toda certeza, deixarão de existir e eles deixarão de interferir no DNA astral do ser encarnante ou do encarnado, e ele passará a receber os impactos cármicos mais frontalmente, sem possibilidade de divisão de seus débitos em prestações a longo do tempo, ou amortecimentos cármicos. Desse modo, poderá sofrer acidentes, doenças graves ou situações inesperadas que o levem a conter-se ou a conter seus impulsos inferiores, impelido pela situação de saúde, dificuldades ou da ambiência em que vive.

São situações em que muitas vezes a pessoa chega a reclamar do que lhe ocorreu na vida. No entanto, mal sabe que aquilo é para a educação espiritual de sua alma, é para seu próprio bem. Portanto, a Lei do Carma funciona, além de mecanismo de justiça divina, como instrumento de educação espiritual, pois a dor e o sofrimento são remédios indispensáveis para almas renitentes no erro ou revoltosas em se encaixar no rumo da Luz, em que pese as forças impulsionadoras do progresso espiritual as posicionarem a todo instante nesse rumo.

Pergunta: As intervenções de anjos de carmas e espíritos superiores, amenizando ou dosando a ação do carma sobre a história de cada ser, enfim, parece que tudo está bem orquestrado, conforme o merecimento e as disposições de cada indivíduo. Mas, se uma certa alma se comprometeu, antes de encarnar, a buscar determinado caminho espiritual, porém, ao descer ao mundo da carne, se esquece desses compromissos e, dominada por impulsos inferiores, toma caminhos diferentes daquilo com que se comprometeu, não imprimindo autoesforços necessários e mínimos para se reeducar, como enganando os guias e levando-os a dividir em prestações seus carmas, sob o argumento de que na vida iria buscar um rumo espiritual. Seria possível acontecer isso?

Nicanor – Na verdade, pode até ocorrer, numa raríssima ou isolada situação de o espírito superior enganar-se com determinada alma, sob a expectativa que se tinha em relação às respostas que ela teria numa determinada encarnação. Entretanto, os anjos de carmas são profundamente conhecedores da alma humana e sabem do que cada ser pode ou não pode, e há muitíssimos casos em que aceitam o compromisso de almas, mesmo sabendo que não cumprirão. Sabem que depois, quando enfrentarem a própria consciência no desencarne, padecerão de remorso, ou em algum momento, no Umbral ou em qualquer lugar do Cosmo, se sentirão impelidas a enfrentar a própria consciência, sem ter para onde fugir, e então darão início à caminhada da autotransformação de modo mais firme.

No caso dos espíritos superiores que trabalham com carmas, em 99,9 por cento dos casos, eles sabem o que estão fazendo, apesar de acreditarem em promessas de determinadas raras almas e, por fim, elas não seguirem o acordado. Todavia, não se sentem enganados: podem sentir um pouco de tristeza momentânea pela frustração em relação ao seu pupilo, mas logo se restabelecem e, pacientemente, se revestem de novo combustível de compaixão e amor para ajudar aquele ser a erguer-se diante de si, do Pai e do seu caminho espiritual. Na verdade, esse acordo é feito, acima de tudo, com a própria consciência da alma. Espíritos superiores apenas avalizam e podem, com anuência de anjos de carmas, intervir no "desenho" do DNA astral e ajudar certas almas a não sofrerem determinados impactos cármicos que seriam "explosivos" no processo de encarne ou em algum momento da encarnação.

Casos de aviões lotados que explodem ou passam por acidentes terríveis, ou bombas que caem em certos locais repletos de pessoas, enfim, há casos típicos de pessoas que recebem uma carga cármica tão intensa, proporcional ao peso que estava no limite da suportabilidade em sua aura, que desencarnam ou que ficam deficientes físicos ou mentais, ou físico-mentais. Há até almas que aceitaram, antes de encarnar, passar por essa forma de liberação de débitos, e há muitos casos de vivências compulsórias. Há outros casos em que a pessoa passa por doenças crônicas ou padecimentos longos enquanto na carne, drenando sua psique e seus carmas. Há outros ainda que sofrem de danos cerebrais congênitos, ou passam por cânceres, ou mal de Alzheimer, dentre outros desequilíbrios, fruto de maldades ou males praticados com o uso da mente que arquitetou calculadamente atos negativos em passado recente ou longínquo, que se acumulam nos registros cármicos.

Reforçando essa explicitação: os espíritos superiores que lidam com carmas e auxiliam anjos de carmas são também seres altamente conhecedores, habilitados e experientes para trabalhar com o assunto. Normalmente, sabem do que cada um pode cumprir ou não, mesmo este se comprometendo com certas metas ou ajustes antes de reencarnar. Na verdade, a maioria das almas falha no cumprimento dessas promessas, e outras tantas reencarnam compulsoriamente, descendo ao mundo das formas sem compromisso com sua própria consciência. Todavia, são impulsionadas pelas forças evolutivas, o que lhes permite encarnar para drenagem de sua psique ainda bastante repleta de toxinas mentais-emocionais e pesos cármicos.

Pergunta: Foi dito anteriormente que há casos em que mentalmente a pessoa deseja mudar, mas tem dificuldade em proceder à autotransformação, pois sua vontade se torna frágil diante dos desafios; isso se mostra comum no processo de lutas interiores. É possível se fortalecer a vontade por meio de exercícios ou técnicas, de maneira a se vencer vícios, padrões comportamentais e de pensamentos adquiridos ao longo de muitas encarnações?

Nicanor – Sim, existem técnicas que ajudam nesse processo, as quais podem ser praticadas no dia adia. Aliás, existem caminhos embaraçosamente simples para se educar a mente e a vontade rumo à efetiva autotransformação. Para que se processe de forma consistente e profundamente verdadeira, atingindo o fundo da alma, o amadurecimento deve ocorrer de forma lenta, mas contínua. Portanto, é bom não confiar em fórmulas mágicas que prometem transformações milagrosas do dia para a noite, por meio de certos exercícios, mentalizações ou preces. A mudança deve ocorrer na intimidade de cada um, e não virá de fora. Obviamente que preces, mentalizações, passes, banhos de descarrego com ervas que atuam quimicamente no campo áurico, ou certos exercícios, podem ajudar na limpeza ou no ajuste do campo astral e mental da pessoa, mas serão medidas paliativas. A postura mental-emocional de cada ser, cotidianamente, é que será determinante para se processar a alquimia interior rumo à Luz Maior.

Fazer uma coisa de cada vez, de forma concentrada, é um exercício simples de educação da mente, para aprender a se concentrar naquilo que faz. Egrégoras do passado e entidades mal-intencionadas costumam levar pessoas que agem automaticamente por impulsos, e sem pensar a reforçar certos pensamentos e atitudes condicionadas em vícios ou padrões do passado, a repetir certas atitudes e por conseguinte a fortalecer tais padrões, especialmente daqueles que se encontram encarnados, pois no mundo físico tudo se torna mais denso e mais impregnado, já que o bioplasma e o ectoplasma aliados às condições ambientais levam átomos e moléculas a gerar impactos profundos na alma e no éter (questão de leis físico-químicas atuando no constructo mental-emocional e fisiológico da pessoa e no ambiente, ocasionando carmas mais impactantes).

Quando a pessoa treina sua concentração, desde os mais rotineiros atos do cotidiano, ela fortalece a mente. E uma mente fortalecida fica menos fragilizada a influências de entidades negativas e das egrégoras ou vícios em desacordo com o que deseja, como posturas mais equilibradas. Ou seja: novos padrões de pensar e agir apoiados por referenciais mentais elevados adquiridos por meio de leituras, diálogo e aprendizado espiritual superior.

Além do exercício de concentração – o que vai permitir à pessoa estar mais vigilante naquilo que pensa, sente e faz –, torna-se essencial educar a mente a redirecionar o pensar substitutivo, isto é: se vierem pensamentos ou impulsos em desacordo com o que gostaria, em termos éticos ou de padrões superiores de existência, deve substituir esses pensamentos ou impulsos por outros pensamentos ou atitudes, com foco diferente, de preferência orientado para algo que possa ser interessante ou atrativo, levando-a a fazer alguma coisa construtiva ou agradável no lugar da outra.

E esse pensar e atitude deverão ser firmes e focados. É como aquela pessoa que segue em frente com determinação, sem olhar para trás, para não ser atraído ou traído pelo que ficou para trás. Um exercício bastante auxiliar nesse processo é inspirar profundamente (sentindo entrar uma luz dourada pelas narinas, que toma conta de todo o ser) e expirar forte e intensamente, sentindo que os pensamentos ou impulsos não desejosos (pelos novos padrões superiores) vão saindo de dentro de si através das narinas (em forma de nuvens de cor acinzentada). Esse exercício deve ser repetido várias vezes até que a pessoa se sinta mais tranquila e que tenha vencido aquela "batalha" interior.

O jejum (com a devida orientação e não de forma atabalhoada – as tradições iogues trazem boas lições sobre diversos tipos de jejuns) é uma prática muito intensa para fortalecer a vontade e deveria fazer parte dos exercícios do caminheiro, pelo menos uma vez a cada semestre.

Práticas de renúncia geram efeitos muito profundos no fortalecimento da vontade e se tornam ainda mais eficazes para almas que se encontram encarnadas. Por exemplo: evitar fazer certas coisas viciosas ou de tempos passados, sob o controle firme e determinado da vontade ou mesmo ocupando a mente e o fazer com outras coisas, como evitar ou não dar guarida a impulsos fortes para beber algo que no fundo da alma não gostaria, ou não comer certos alimentos, ou deixar de viajar, ou mesmo de frequentar certos lugares que a atraem para práticas antigas e em desacordo com o novo pensar ou novo desejo de crescer espiritualmente. Essa renúncia deve ser alimentada não pela revolta por não ter ido ou feito certas coisas viciosas do passado, mas pela alegria e resignação. Contudo, mesmo que sobrevenha alguma revolta ou insatisfação, a esta não se deve dar alimento mental, pois podem ser manifestações de revolta de entidades obsessoras ou mesmo de suas próprias egrégoras do passado ainda resistentes dentro de si.

Assim, a vontade vai aos poucos se solidificando em padrões cada vez mais fortes e direcionados para novas posturas mentais-emocionais, e a pessoa vai se sentindo cada vez mais forte interiormente para enfrentar de modo sereno e lúcido seus "lobos" internos, com a devida atenção em evitar a autoperseguição, mas atenta, vigilante e tendo como mestre o discernimento. E, se por acaso houver tropeços ou quedas, não se deve alimentar a culpa. O remorso tem seu efeito salutar como mecanismo alimentador de um novo ânimo para se levantar a cabeça e prosseguir. Receber um passe ou ajuda espiritual como suporte e/ou uma prece sentida e profunda ajudam imensamente ao próprio reerguimento. A meditação e tomada de consciência sobre o fato ocorrido são essenciais. Ao acordar a cada dia e a cada minuto da vida, o ser humano tem a oportunidade de recomeçar e se reposicionar no caminho, quantas vezes for necessário, e em qualquer paragem deste infinito Cosmo.

O fortalecimento da própria vontade voltada para novos rumos e subidas espirituais é um grande ato de amor para consigo mesmo e representa passos cruciais para o caminheiro rumo à Luz Essencial.

Pergunta: Retornando ao conceito de amor e aos equívocos que existem em entendimentos desse componente essencial da vida, nos leva a comentar o que tem sido muito comum nos dias atuais. Em várias ocasiões, lemos em jornais declarações de pessoas que praticaram delitos e diziam: "Matei por amor", "Fiz isso por ciúme", "Agredi porque estava me sendo traído"; enfim, casos de violência sob o argumento de expressão descontrolada de amor. O que dizer sobre isso?

Nicanor – Na verdade, são expressões de amor, mas um amor ainda primário ou manifesto de forma rudimentar, agressiva, imerso em paixão inferior. O instinto é uma expressão primária de amor; o apego e a paixão repletos de conteúdo emocional e aprisionamentos obsessivos são expressões ainda grosseiras, egoístas, orgulhosas de amor. Na medida em que a bendita ação retificadora e educadora da Lei do Carma conduz a alma a se tornar mais e mais madura, ela vai refinando essas expressões e o entendimento do que seja amor. Desse modo, espera-se que a cada encarnação a alma se sensibilize e amplie um pouco mais sua compreensão e seu discernimento. E dentro de cada encarnação, espera-se que a cada etapa da vida a drenagem psíquica causada pela dor transforme um pouco as almas resistentes ao influxo do amor divino em direção à humildade, abrandando seus corações e mobilizando-as para maneiras mais amplas de ver e sentir o parceiro ou a parceira, os familiares, amigos, colegas, e mesmo aqueles considerados inimigos.

Pergunta: Ao falar de paixões inferiores, significa dizer que existe um contraponto a elas, ou seja, paixões superiores?

Nicanor – Os componentes do Universo, coisas e seres, evoluem de estados mais brutos para estados mais lapidados, de estados de pureza inconsciente ou de adormecimento para estados latentes e conscientes de amor, com pureza. E assim é a expressão da paixão, que é uma forma de amor bem típica de quem ainda se encontra evolutivamente preso ao plano astral. Paixões inferiores são expressões apegadas a estados pouco ou nada lapidados do egoísmo, da vaidade, orgulho e aprisionamento aos instintos.

O ser que alcança certo grau de evolução pode expressar paixão por ideais superiores, algo como elevado grau de motivação, empenho consciente e alegre em realizar algo, ou no relacionamento com um ente querido, ou nas buscas espirituais, inclusive na devoção a espíritos de Luz, que poderíamos classificar como paixões superiores. No entanto, à medida que caminha em direção a estados mais avançados rumo à angelitude, esses impulsos vão tomando outros contornos de expressão, de consciência e sentimentos, que se tornam ricos em amor expandido e fraterno-universais, sem afetação, mas serenos, e nem por isso serão frágeis em automotivação; pelo contrário. Há muita motivação e dedicação naquilo que realizam, repletos de felicidade.

Os terráqueos até poderiam classificar esses estados como de paixões superiores, porém paixão denota estado de algo passageiro e com certo grau de afetação, empolgação exagerada. E esses seres já vivenciam estados de regozijo a caminho da plenitude e não precisam de estímulos externos (coisas, dinheiro, pessoas para admirar, por exemplo) para se sentir motivados; já passaram por isso nos tempos em que ainda estavam presos ao plano astral.

Pergunta: Voltamos a insistir no tema, pois ele tem um peso muito grande sobre a vida atual da maioria dos seres que habitam a Terra. A paixão parece que tem tido importante papel na evolução passada e presente da Terra, especialmente quando une casais que virão a procriar, e por conseguinte a providenciar o reencarne de muitas almas necessitadas de descer ao mundo das formas...

Nicanor – Com toda a certeza. A paixão tem tido papel importante como elo de atração entre casais que terão o papel futuro de procriação. Sem esse componente químico, seria difícil serem criadas condições para a procriação e, com isso, viabilizar o encarne de muitas almas, especialmente para aqueles que se encontram numa etapa intermediária da caminhada evolutiva humana. A paixão pode surgir, e será importante em alguns momentos da vida. A atenção deve existir, porém, no sentido de que ela não fique impregnada por toda uma existência encarnatória ou depois dela, no plano astral. Gostar de alguém, ter atração por alguém, construir relações de afeto, amizade, cumplicidade e compreensão são aspectos essenciais e suficientes para promover a troca energética e a procriação entre casais. Podemos classificar esses aspectos como elementos básicos da paixão; todavia, a paixão cega, desprovida de lucidez e bom senso, passa a ter caráter doentio e obsessivo.

Pergunta: A questão dos relacionamentos interpessoais e afetivos é algo que fervilha na mente e coração de grande parte dos seres humanos. É assunto que gera bastante interesse, dúvidas e inseguranças, inclusive para aqueles que buscam um caminho espiritual. Parece que, em certo momento, da juventude principalmente, a paixão cria uma espécie de cegueira da razão e aproxima casais, que ficam quase hipnotizados pela química psicofísica em que são envolvidos. Mas, quando essa empolgação passa, há rupturas, caso não se alimente essa relação com amor e outros componentes mais profundos...

Nicanor – O papel da súbita atração é gerar a aproximação mais íntima. E, sem dúvida, para que tenha longevidade, uma relação necessita estar alimentada por amor, com seus componentes, ou seja, cumplicidade, respeito, companheirismo, amizade, forte exercício de humildade, compreensão, diálogo sincero, compaixão e capacidade de ceder, recuar, buscar o entendimento, o qual muitas vezes requer renúncia de ambas as partes ou de uma das partes.

Pergunta: Mas ocorrem casos de casais que combinam, no Astral, de se encontrar quando estiverem encarnados, para amadurecer juntos. E aí, ao longo do caminho, podem ocorrer outros encontros que geram paixões que, todavia, não eram para acontecer, sob risco de atrapalhar aquele encontro comprometido no Espaço, com grau de profundidade mais consistente e muitas vezes repleto de ideais superiores?

Nicanor – De fato, ocorrem muitos acertos entre casais no plano astral, antes de encarnarem. Contudo, existem fatores cármicos que precisam ser levados em conta, como análises e "desenhos" de probabilidades que simulam situações diversas e conclusões, por parte de espíritos superiores com alto grau de lucidez e conhecedores de assuntos cármicos, no sentido de orientar e sugerir determinados caminhos para o ser que vai encarnar, ou seja, aqueles que serão os mais frutuosos em termos de evolução. Apesar disso, depois do reencarne, a vida no mundo das formas é sempre rica de oportunidades, tentações, caminhos diversos e, em que pese esforços dos guias espirituais, podem ocorrer situações não previstas e até indesejáveis para o melhor plano de evolução das criaturas. Sem dúvida, pode haver relacionamentos e casamentos não esperados, podem ocorrer interferências de entidades desencarnadas. Tudo vai depender do livre-arbítrio do encarnado, que é totalmente respeitado pela Espiritualidade.

A atração energética de pessoas que tiveram ligações no passado é muito grande, tanto em termos de relações afetivas como de ódio, vingança, remorsos, culpas, envolvendo cobranças subconscientes, amizades, inimizades, dentre outros sentimentos, pois tais elos são como ímãs com alto poder energético de atração, seja no mundo dos desencarnados como dos encarnados. Muitas pessoas se reencontram pela primeira vez no mundo denso da matéria e têm aquela impressão do *dejà vu* ("Acho que conheço aquela pessoa";

ou "Como aquela pessoa me causou uma boa sensação", ou "Tive muita atração por aquela pessoa", ou mesmo, "Não fui com a cara daquela pessoa e não me senti nada bem com a presença daquela pessoa...").

Há muitos casos de reencontros de almas que não estavam planejados e outros reencontros que eram apenas para ser passageiros, ou de amizade e coleguismo, e acabam se tornando um reencontro prolongado, como um reviver de outras vidas. Ou mesmo pode ocorrer um novo relacionamento, resultante da atração de almas com caminhos similares ou em estado de evolução similar, ou com aspectos da personalidade ou psique em sintonia, que não haviam se conhecido em outras vidas. E certos reencontros ou novos encontros poderão não ser positivos, em termos de evolução para o casal, porém existem situações inesperadamente positivas, em que o balanço acaba sendo positivo para ambas as partes. Na verdade, qualquer situação vivida ou revivida pode trazer balanços positivos ou negativos, a depender da forma de enfrentamento da vida por parte dos encarnados: se com espírito cristão ou com espírito de competição, arrogância, violência e egoísmo.

Pergunta: Há casos de encontros aparentemente casuais, mas que estavam planejados pelo Alto, ou reencontros por elos cármicos ou atrações do passado e que não foram planejados, foram resultado de mera coincidência ou atração por elos de outras vidas, especialmente em casos de reencarnações compulsórias?

Nicanor – Isso é bastante comum ocorrer, especialmente em um planeta de expiação como a Terra. Aliás, é importante frisar que não existem coincidências ou aparentes acasos em que não haja alguma relação cármico-energética ou de atração energética do passado. Mas podem ocorrer novos encontros, tendo em vista variados graus de sintonia que podem existir entre duas ou mais pessoas encarnadas. Há também muitas interferências do mundo invisível, tanto para o bem como para o mal. Vai depender do livre-arbítrio de cada um, das ligações vibratórias que a pessoa constrói ao longo da vida e de compromissos do passado.

Nos casos de reencarnes compulsórios, ocorrem naturalmente as atrações cármicas de pessoas e situações na vida, alicerçadas por sua história encarnatória e pelo que ela costuma pensar, sentir e realizar, criando probabilidades de situações boas ou más, mas que sempre contribuirão de alguma maneira para a evolução da alma, seja pelas oportunidades de ela despender esforços de renúncia e educação espiritual, seja pela dor e sofrimento, como remédio indispensável para almas revoltadas ou renitentes em erros já passíveis de serem ultrapassados, haja vista o grau de conhecimento alcançado.

Pergunta: Como poderemos saber se uma determinada pessoa é a que devemos assumir numa relação a dois, séria, profunda e duradoura? Pensamos que essa é uma questão que passa pela cabeça de muitos encarnados em busca do amor de sua vida, a fim de constituir família, ter filhos e poder crescer conjuntamente como cidadãos do mundo e do Universo.

Nicanor – Essa resposta estará dentro de cada alma. Ninguém responderá pelo outro. Nem mesmo uma entidade do bem dirá diretamente a um pupilo seu, mesmo sendo seu guia espiritual, se deverá se relacionar com A ou B. O livre-arbítrio é uma entidade a ser sempre respeitada no mundo denso da matéria e no mundo astral, a menos que ocorram situações extremas em que a Espiritualidade Maior solicita intervenção. No caso do mundo astral, como existe o respeito ao livre-arbítrio de desencarnados, também, em que pese haver determinados controles necessários para que haja ordem onde a desordem e a indisciplina não são aceitas (por questões de padrões vibratórios e necessidade de educação das almas), ocorre que muitas almas do Umbral ou das zonas infernais interferem na vida de encarnados que com elas estiverem sintonizadas, e isso pode gerar desvios de caminhos, nos quais em geral o guia espiritual não pode interferir, tendo em vista o respeito ao livre-arbítrio.

Quando Deus cria uma mônada é para que ela desperte de sua letargia cósmica. Ela será guiada durante sua estada no reino mineral, por meio de devas, e quando entrar no reino vegetal e animal continuará sendo conduzida por outros devas. Entretanto, ao adentrar o reino hominal, terá seu guia espiritual e, claro, os olhares de anjos também. Mas, à medida que for avançando em evolução, desde suas fases bem primárias, será aos poucos treinada a andar com os próprios pés, a fim de que adquira experiência de vida como alma.

Quanto mais esse ser se afastar de suas fases primárias, mesmo sob olhares do guia espiritual (e mesmo recebendo sugestões do guia para assuntos ou momentos-chave de sua trajetória de encarnado, bem como sendo por ele protegido), a Espiritualidade lhe dará livre-arbítrio e oportunidade para optar em decisões e com isso amadurecer, mesmo que tropece em enganos, erros ou caia em equívocos plantados por si mesmo ou pelas nuances que o mundo lhe oferece. De todo modo, essa alma será estimulada ao raciocínio, meditação, lucidez e discernimento. Como tudo na vida, se não houver exercício o órgão se atrofia. Assim, se o raciocínio e a sensibilidade não forem estimulados e exercitados, o ser não sairá do seu sono letárgico ou de estados de indolência, pressionados por forças telúricas de acomodação; afinal, o destino de todo ser é evoluir, é crescer em maturidade no campo da razão e do sentimento.

As almas que se encontram no Astral superior, ou em níveis evolutivos acima deste, não chegaram lá porque guias espirituais as colocaram nesses páramos, pois estariam lhes avalizando a indolência, a falta de esforço com o próprio amadurecimento como cidadãos do Universo. O aprimoramento e expansão da inteligência e sensibilidade se conquistam a partir de erros e acertos, de experimentações, de vivências. Mesmo que o ser se apoie em leituras, teorias ou conhecimentos adquiridos por observações de terceiros, chegará o momento em que será levado ao campo de provas, com o fim de verificação de seus conhecimentos e desenvolvimento de suas habilidades. Afinal, adquirir conhecimento não significa que a pessoa adquiriu habilidade ou qualidade de *performance* para lidar com a realidade.

Um ser não poderá se candidatar a guiar outro ser (teoricamente menos evoluído) se não possuir suficiente experiência de vida e maturidade para tal tarefa, pois poderá colocar em risco indesejado o pupilo e até a si mesmo. Por mais que um projeto arquitetônico esteja bem elaborado no papel, só poderá ser verificada sua consistência na hora em que se materializar no mundo das formas e se transformar em obra e depois no prédio idealizado.

Diante disso, é preciso que a alma amadureça em suas análises, percepções e sensibilidade ao lidar com uma pessoa que poderá fazer parte de seus relacionamentos como amigo(a), parceiro(a) de sociedade ou de relação a dois.

Há muitos casos, nesse processo de amadurecimento, de reencontros de almas oriundas de relações do passado reencarnatório. E nesse escopo, existem aquelas atraídas vibratoriamente por sintonias de bom afeto e outras por cobranças cármicas, mesmo as informações estando em nível subconsciente. Mas certamente haverá impulsos, sensações, impressões e todo um conjunto de energias que servirão de insumo para treinar a alma ao amadurecimento, errando, tropeçando, acertando, aceitando os desafios que o Universo lhe oferece, de modo a aprimorar seu raciocínio rumo à lucidez e ao discernimento, e colocando os sentimentos rumo à crescente humildade, fé, simplicidade, autoconfiança, boa vontade, paciência, tolerância, compaixão, disposição em servir incondicionalmente, alegria, renúncia e esperança.

Pergunta: Pedimos desculpas, mais uma vez, pela insistência em retornar ao tema da paixão. Esse assunto mobiliza muita gente na Terra e está intrinsecamente concatenado ao tema central desta obra, ou seja, ao amor. Temos observado pessoas, especialmente jovens, bem-intencionados, de bom coração e boa índole, todavia cegamente mobilizados pelo fogo da paixão numa relação a dois. Estariam eles errados ou equivocados por se deixarem mergulhar nessas emoções? Há casos, inclusive, de situações de serviço ao próximo, de trabalhos no campo da religião e mesmo na área profissional, em que certas pessoas se encontram verdadeiramente apaixonadas pelo que fazem?

Nicanor – Em nenhum momento foi dito aqui que sentir

paixão seria algo ruim, mas sim que é parte do processo evolutivo e que é importante o ser em evolução passar por essa etapa. É importante que a paixão chegue ao coração do ser em evolução; ela retornará por muito tempo e muitas vezes. Contudo, chegará um tempo em que a alma amadurecerá, absorverá as boas energias da paixão, e a mergulhará em substâncias químico-mentais de serenidade, lucidez, sem perder a boa disposição de servir, de se entregar, mas com consciência.

Certamente, uma alma muito racional e fria, apesar de boa índole, terá algum dia, em sua escalada evolutiva, que sentir essa emoção, que será vital para amadurecê-la em direção à estruturação de sentimentos superiores, à formatação de mecanismos motivacionais internos, necessários para que saiba despertar dentro de si o amor pelos desafios, pelo trabalho, pelas pessoas, em qualquer situação. Desse modo, o amor estará plantado dentro de si e ela terá forças mobilizadoras e criadoras, estará rica em compaixão e disposição de servir incondicionalmente; porém não mais de forma atabalhoada, impulsiva, cega, às vezes irresponsável, e sim de modo lúcido, responsável e com sabedoria.

A paixão é um componente importante para a alma ainda dura, rude e grosseira estimular a sensibilidade, lapidar o raciocínio materialista e egoísta e desenvolver a capacidade de servir de coração. Todavia, com o passar do tempo, a própria sabedoria do Universo, imersa nas várias situações de vida, nos processos cármicos, na orientação advinda de guias espirituais e mentores, bem como na necessidade de se dar novos passos na evolução, fará com que a alma (normalmente por meio de dores e sofrimentos) compreenda que a paixão precisa ser renovada dentro de si, mas com outros papéis.

Assim, será preciso sair do seu mundo individualista, egoísta, do seu "ninho" familiar, e ir ao encontro do mundo, seja no trabalho profissional, no caminho espiritual, na vida rotineira, e abraçar quem necessita de carinho, dar atenção a quem precisa de cuidado, servir a quem surgir em seu caminho, de forma indiscriminada, sem nada pedir em troca, mobilizada pelo prazer e alegria em servir com dedicação, descobrindo regozijo nessas novas oportunidades transmutadoras da paixão inferior em paixão superior, e continuar sua trajetória evolutiva, rumo ao pleno amor incondicional no mundo angelical.

Pergunta: Então, deixar-se tocar por emoções, chorar, afrouxar o coração e se deixar mobilizar por paixões numa relação a dois, na profissão, na vida comunitária ou no trabalho espiritual, seriam etapas importantes para o caminheiro em direção ao amor cósmico?

Nicanor – Não se pode chegar ao décimo andar de um prédio sem passar pelo primeiro, segundo, terceiro, e assim sucessivamente. Certamente, sentir paixão representa uma etapa com vários degraus na ascensão da alma desejosa de encontrar dentro de si o amor divino.

Pergunta: Nesse contexto, e pelo que até aqui temos lido, podemos afirmar que existe paixão inferior e paixão superior, certo? Quais as diferenças entre elas?

Nicanor – Sim, podemos considerar que existe uma escala com variações bastante extensas, indo de estados bem primários até estágios mais avançados no tocante a estados de paixão. Indo de impulsos bem selvagens, em que o instinto comanda a pessoa, até estados em que o impulso caloroso e amorável de querer ajudar e servir aos necessitados de amor e de bens de primeiras necessidades vai se aguçando na intimidade. Na verdade, podemos considerar que existe na alma, com o passar do tempo (séculos e milênios), a conversão das forças instintivas e de paixões carregadas de violência, irritação e impulsividade, em desejo de servir fraternalmente, sensibilidade aguçada pelo sofrimento alheio e disposição em ajudar. Podemos até dizer que, na verdade, a paixão em si deixa de existir e se converte em vontade profunda e carregada de bons sentimentos de amar a Deus, ao próximo e a si mesmo, e que pode ser entendida apenas como uma questão de semântica.

Pergunta: Pelo que foi exposto, para almas em nível inferior ou intermediário de evolução, a paixão necessita ir gradativamente, se transformando de paixão inferior para superior. Mas, como fica então a questão de procriação, em que se torna importante a aproximação entre um casal pela força da paixão carnal, e considerando que o Universo precisa de instrumentos físicos para viabilizar encarnações de almas necessitadas de reencarnar?

Nicanor – Cada alma estará no nível evolutivo condizente com o que carregar de vibrações, impulsos e emoções, e enfrentará ou passará pelo mundo das provações vivenciando o que é necessário ao seu amadurecimento. E é importante que cada ser se aceite como realmente é, como primeiro passo para ir se aprimorando. Sem dúvida, o Universo precisa de corpos físicos para viabilizar reencarnações de almas necessitadas desse processo, o que ocorrerá por meio daqueles que ainda carregam o fogo das paixões carnais.

Evidentemente, os que já avançaram um pouco mais terão esse estímulo por meio de sentimentos de amor e, em certos momentos, sentirão os impulsos dos instintos que ainda os habitam. Tais impulsos os mobilizarão para aproximações físicas. Nos casos de seres que já ultrapassaram a dependência de paixões inferiores, como almas que se encontram no plano intuitivo, podem eles ter alguns registros residuais dessas energias, resultantes do que o próprio corpo físico traz como memórias biológicas e químicas, guardadas no âmago genético da espécie humano-animal, desde os tempos em que era animal selvagem e ser humano primitivo, com seus impulsos instintivos voltados para a procriação.

O corpo biológico denso da dimensão física traz impregnado em si memórias antigas de estímulos à procriação, mesmo tendo encarnado nele uma alma de elevada estirpe espiritual. Contudo, certamente essa alma não será dada a impulsos densos ou paixões inferiores. Manifestará sentimentos puros e profundos, os quais mobilizarão as forças biológicas dos hormônios no sentido de promover a atração entre sexos opostos para viabilizar a procriação que se fizer necessária.

Exemplo claro dessa experiência ocorreu com Maria de Nazaré ao engravidar de José para gerar a figura angelical de Jesus. Somente uma alma excelsa, com capacidade de impregnar de puro amor a relação afetiva com o companheiro, poderia ter sido escolhida para trazer ao mundo um ser biológico de tamanha hierarquia. Portanto, é preciso que se veja o sexo não como algo sujo, conforme já deixamos bem claro aqui, mas algo sagrado, que será ainda mais sublime quando movido por sentimentos nobres, conforme o vivenciado pela mãe fisiológica do meigo Rabi da Galileia.

Assim como ocorreu a Jesus, outros seres das altas esferas espirituais precisaram encarnar para servir à humanidade, a exemplo de Confúcio, Buda, Francisco de Assis, Gandhi, entre outros. E muitos espíritos elevados ainda deverão descer ao mundo da matéria, em futuro não distante. Então, será preciso que corpos físicos se unam em ato de amor, para que essas almas reencarnem através de paixões superiores impregnadas por pureza afetiva.

Pergunta: Os instintos então são importantes para que haja continuidade da espécie humana, a fim de se viabilizem reencarnações?

Nicanor – Sim. Os instintos, que são formas primárias de expressão do amor, são importantes; sem eles não haveria reencarnações nos mundos de provações e de regeneração. Almas primitivas, e muitas que ainda se encontram em etapas intermediárias de evolução, se deixam dominar pelos instintos, mas, conforme já elucidamos, à medida que avançam na escala evolutiva, vão aprendendo a educar esses impulsos e a direcioná-los para fins mais nobres e elevados da vida.

Pergunta: Como então lidar com eles de forma equilibrada e de maneira a ajudá-los a evoluir? E, no caso de pessoas jovens, que já possuam elevado nível de evolução e desprendimento dos instintos, mas que pensam em ter filhos e mesmo que necessitam viabilizar a reencarnação de uma ou mais almas?

Nicanor – O processo para lidar com os instintos, assim como com qualquer mazela ou aspecto dos sentimentos ou padrões viciados de pensamento a serem trabalhados, é semelhante. Isto é, primeiramente é fundamental o ser aceitar-se com todas as suas fraquezas, seus instintos, seus vícios e mazelas, ou seja, como ele realmente é. Podemos traçar um paralelo com uma pessoa acidentada, desequilibrada ou doente, que precisa passar por tratamento ou ajuda, a qual só terá condições de receber esse apoio se, antes de tudo, aceitar a ideia de que necessita de tratamento.

Portanto, aceitar-se como um ser ainda imperfeito é o primeiro passo, compreendendo que suas mazelas não representam em si coisas negativas, mas apenas aspectos inerentes à natureza humana que precisam passar pelo campo das experiências, condição *sine qua non* de amadurecimento vivencial. E só o tempo e a maturidade espiritual e de vida trarão insumos necessários e suficientes para promover a educação do instinto, que se transforma num processo alquímico por meio da vontade dirigida, da educação do pensamento e das atitudes.

Nesse processo, é importante criar-se o hábito da meditação diária, ou pelo menos periódica, e procurar "dialogar" com essas energias habitantes do mundo íntimo, afirmando que as aceita como são (ao invés de evitá-las, pois mais ou cedo ou mais tarde elas poderão ressurgir ainda mais fortes). Assim, é importante cultivar amor pelo que são, do mesmo modo como Deus doa amor incondicional a todos, inclusive aos ignorantes, malvados, perdidos e doentes da alma, pois estes é que necessitam de amor Dele, mais que qualquer outro. Em seguida, envolvê-las em luz brilhante, no tom violeta, e depois dourada, trabalhando-as individualmente, a fim de que haja eficácia no processo. Lembramos que o violeta é transmutador de energias e o dourado tem força propulsora de elevação do padrão vibratório.[7]

Mas só isso não basta. É preciso praticar esses exercícios com disciplina e persistência para dar continuidade ao processo, já que a evolução de instintos, sentimentos e pensamentos embrutecidos ou aprisionados ao orgulho, vaidade e egoísmo necessitam de determinação, constância de propósito e firmeza, na medida em que resistirão a mudar. Portanto, é possível que essas mesmas mazelas retornem com outras formas de expressão, gradativamente mais sutis, pois a evolução se dá em forma de espiral.

[7] Na obra *O Sentido da Vida*, **EDITORA DO CONHECIMENTO**, Rama-Schain nos ensina detalhadamente a praticar esses exercícios de meditação e transmutação de energias.

Por isso, não basta acessá-las e envolvê-las em Luz. É preciso realizar um trabalho de aceitação e de reeducação, assumindo-se uma postura mais esclarecida, isto é, com aquele lado individual da mente que já se encontra mais à frente. É como colocar em prática um diálogo: a pessoa dirá aos instintos, aos sentimentos imperfeitos e aos pensamentos viciados em mazelas passadas, que se tornem mais elevados, mais sensíveis, mais fraternos, mais compreensivos, mais delicados e voltados para propósitos superiores. No caso específico dos instintos, será um exercício conscientizador em direção a eles, para que gradativamente se tornem mais ricos em sensibilidade, amor-doação, amor-compreensão, amor-criatividade, amor-perdão, amor-renúncia ao egoísmo, amor-renúncia ao orgulho e vaidade, amor-serviço incondicional.

Pergunta: Como uma alma ainda dura em seus sentimentos, apesar da boa índole, poderá desenvolver a sensibilidade de modo mais aguçado e equilibrado?

Nicanor – O Universo lhe ensinará, pelas oportunidades que irão surgindo ao longo do seu caminho. Todavia, o ser tem livre-arbítrio e chegarão situações ou momentos de decisão em que deverá escolher em seguir o caminho A, B, C ou D, ou tantos outros. Certamente, os guias espirituais e anjos estão e estarão atentos ao pupilo, e ninguém é ou será esquecido pelo Pai Maior. Haverá sempre um caminho em que a alma não terá para onde fugir de seus sentimentos, e a toda hora haverá boas sugestões, ainda que o lado sombrio do próprio ser em evolução, muitas vezes reforçado por entidades das sombras, insistam em outras direções. Esses são os testes que vão fortalecendo e amadurecendo a alma. Sentir no próprio coração dores e sofrimento amadurece. Ainda que num primeiro instante possa sobrevir revolta, haverá o instante do cansaço, da entrega da resistência do coração, do orgulho, da vaidade.

Quando ocorre a dor da separação de alguém muito ligado, um filho, um ente querido, por exemplo, não há coração que não se sensibilize. Mesmo os mais duros, serão de alguma maneira tocados (ainda que tente não enxergar esse toque). O mesmo se dá quando recebe amor de alguém: um beijo, um abraço, a atenção, o cuidado, a mão estendida num momento de sofrimento. Enfim, o Universo tem infinitas maneiras de tocar corações. O equilíbrio vem na medida do amadurecimento.

Não existem atalhos, nem mágicas na evolução. Somente a própria vivência trará os frutos do amadurecimento, com cultivo de dedicação, firmeza de propósitos superiores, oração e vigilância, esforços para renunciar aos próprios vícios mentais-emocionais, a fim de se levantar diante de quedas e prosseguir a jornada, para transformar culpa em autoperdão, orgulho e vaidade em humildade, ódio e impulsos de vingança em perdão, agressividade e violência em paz interior e para com os outros, egoísmo em serviço fraterno e incondicional, esforços para vencer a indisciplina e a indolência, para transformar tristeza em alegria, impaciência em paciência, intolerância em tolerância, e assim sucessivamente. Até que os esforços tenham se incorporado na alma e sejam naturais, e não causem desconfortos ou cansaço, mas sim que sejam o combustível para regozijos e energias motivadoras para se prosseguir na caminhada.

Pergunta: Se a alma traz muitos vícios do passado e, apesar de desejar evoluir interiormente, passa por inúmeros percalços na vida, tropeça em suas mazelas, as quais vencem seus princípios superiores, não pode ocorrer situações de cansaço e desistência na jornada, por parte de muitos que se encaixam nessa realidade, com risco de abandono dos esforços e entrega às energias de manutenção das fraquezas?

Nicanor – Sim, e é bastante comum. Isso significa que a alma ainda precisa amadurecer bem mais. Normalmente, essa desistência ocorre pelas resistências do orgulho e da vaidade em quererem se transformar em humildade, pela arrogância e revolta da alma em se achar mentalmente acima dos seus sentimentos e impulsos apegados ao passado rico em mazelas. Por isso, não se enxerga imperfeita e sujeita a quedas, o que deveria ser encarado como normal para quem os tropeços e quedas no passado representavam apenas prazer vicioso, conduta normal e bem-estar equivocado.

Nesse escopo, de reflexos condicionados do passado, encontra-se a indolência ou tendência ao menor esforço ou ausência de esforço, que é fortalecida pelas energias telúricas da manutenção das situações, a qual se apresenta como uma força contrária aos esforços de transformação, pois será mais fácil deixar tudo como está. Para vencer essa força, há que se cultivar propósitos superiores, persistência diante de quedas, autoperdão e fé no perdão automático de Deus. A prece será sempre um remédio salutar e será tanto mais reenergizadora quanto mais rica em fé, humildade e sentimentos sinceros. A alma terá sempre ao seu lado os mecanismos divinos do carma como auxiliares educativos de sua caminhada.

Tropeços e quedas em almas ingênuas, rudes e ignorantes, terão um determinado nível de impacto menor do que naquele ser que já vem encarnando dezenas, centenas ou milhares de vezes, que já traz bastante conhecimento e se revolta porque o orgulho e a vaidade desejariam que estivesse num pedestal bem acima do que a realidade dos sentimentos e impulsos inferiores o colocam. Cultivar a humildade será sempre a regra para o primeiro passo no sentido da vitória às próprias imperfeições.

O cansaço e a desistência a que vos referis nada mais são que revolta, orgulho e vaidade travestidos de cansaço. A todo o instante, o processo de vigilância precisa ir se refinando porque as mazelas se utilizam de roupagens cada vez mais sofisticadas para se manterem como egrégoras vivas dentro da alma, e isso é inerente a quem caminha rumo à Luz do Pai.

Pergunta: Mas nem sempre é simples ou fácil vencer essas mazelas tão enraizadas na alma, ou mesmo perceber as sutilezas com que elas se fantasiam para enganar o ser desejoso de evoluir.

Nicanor – Somente a vivência, os erros, acertos, tropeços, quedas, dores do corpo e da alma farão com que uma criatura amadureça e consiga desenvolver a sabedoria para extrair alegria do próprio caminhar, sem precisar de estímulos externos, mas resgatando infinitamente essas energias dentro de si mesma, pois a alma tem lá a centelha divina que a retroalimentará sempre de forças salutares e motivadoras. Que possa perceber que não precisa olhar e sentir o esforço como uma pedra a carregar, mas como um "pote" de Luz e energias abastecedoras da persistência na caminhada, da fé, do bem-estar e do regozijo!

Pergunta: Como encontrar o amor na jornada, ou melhor, como se abastecer de amor nessa caminhada evolutiva?

Nicanor – Tudo no Universo é manifestação de amor divino. Onde se vê vida, paisagens, e até o que não se vê com os olhos físicos, são expressões divinas de amor que permitem e sustentam a vida em todas as suas formas, que permitem ao ser reencarnar várias vezes e ir obtendo experiências, ampliando conhecimentos, se sensibilizando, e assim ir amadurecendo. Mesmo aquela criatura que nos causa desconforto, impaciência, intolerância, irritação, raiva, impulsos de vingança, impulsos de paixões inferiores, e toda natureza de pensamentos e sentimentos, é também um filho de Deus em busca do amor existente em tudo e de construir sabedoria dentro de si, de modo a se retroalimentar desse amor e a aprender a cultivar esse amor dentro do coração.

Não apenas as almas que nos proporcionam bem-estar, alta sintonia, bom diálogo e alegrias são as benquistas por nosso Pai. Afinal, aqueles que nos provocam, estimulam nosso lado imperfeito a se mostrar, a aparecer, a fim de que possa ser lapidado, como o joio que precisa ser identificado, trabalhado e utilizado como adubo, aliado do trigal, e não como inimigo a ser violentamente descartado ou rejeitado.

O ser que busca amor fora de si mesmo precisa antes encontrar amor dentro de si e em Deus, bem como em suas expressões divinas (na natureza, nos outros seres humanos, em tudo o que sente e vê, e mesmo no que não vê com os olhos materiais). De qualquer modo, não saberá identificar o verdadeiro amor com fidedignidade se não o descobrir e cultivá-lo dentro de si, pois como poderá a pessoa encontrar amor fora se ela nem sabe o que é o amor? É mais sensato encontrá-lo dentro de si, pois está mais próximo. E encontrar esse amor pressupõe respeitar-se, aceitar-se como Deus o fez fisicamente, aceitar sua própria mente e coração, do jeito que são, trazendo potenciais, experiências, virtudes, vícios e mazelas espirituais.

Pergunta: Quando o irmão aborda o tema amor, costuma nos enlevar a percepção, o sentimento e a vibração com um amor mais sublime, mais sereno e universal. Sabemos que esse é nosso destino, e agradecemos pelas vibrações doces, suaves, arrebatadoras do espírito e indescritíveis com que nos envolve. No entanto, o que dizer àquela pessoa que ainda está presa ao mundo denso e idealiza em seu íntimo encontrar o amor de sua vida como forma, inclusive, de busca espiritual mais coletiva e colaborativa, integrando-se com a parceira ou parceiro e com os filhos, por exemplo?

Nicanor – Já foi dito algumas vezes que cada ser deve descobrir o estágio em que se encontra na escala evolutiva e aceitar-se humildemente como tal. E não há mistério nisso. Basta cultivar paciência consigo, serenar a mente, refletir e promover um constante diálogo íntimo, auscultando-se. A meditação, como a reflexão diária ou periódica, são caminhos essenciais para se autodescobrir e identificar o ponto onde a criatura se encontra nessa trilha. Não se pode esperar saltos, nem avanços não condizentes com a capacidade e potencial latentes da alma que ainda está aprisionada a paixões do mundo, inclusive em busca de relacionamentos humanos como forma de amadurecimento. Essa busca, às vezes ingênua, de encontrar o amor da sua vida, representa de certo modo como que treino para o futuro anjo que terá a capacidade e habilidade de amar a todos e a tudo indiscriminadamente, no futuro.

Já será de bom avanço aquele que procura uma parceira ou parceiro para juntos buscarem um caminho evolutivo mais equilibrado, ao mesmo tempo em que se unem pela luta do dia a dia nas necessárias conquistas materiais do trabalho, do alimento, da vestimenta, moradia, transporte e satisfação de outras necessidades básicas, inclusive na educação dos instintos. Num mundo em provações, como a atual realidade terrena, a grande maioria ainda busca apenas prazeres carnais, satisfação da vaidade, do orgulho e do ego, que são conquistas puramente materiais em que o individualismo, a competição, cobranças, ciúmes, inveja, vingança, violência, enfim relaxamento quanto à explosão dos instintos descontrolados, fazem parte do cotidiano a dois ou em família.

Mesmo nas relações que envolvem resgates cármicos, somente o amor-perdão, o amor-compreensão, o amor-tolerância, bem como o amor-paciência, amor-cumplicidade, amor-compaixão e o amor incondicional, serão capazes de transformar sofrimento em bem-estar e alegrias no convívio e na jornada da vida.

Pergunta: Como lidar com situações em que uma alma, já com certo grau evolutivo, encontra para se relacionar, e às vezes para viver a dois, um parceiro ou parceira com elevado grau de rudeza, ignorância ou falta de sintonia espiritual, o que, em regra geral, gera conflitos e iminentes separações?

Nicanor – Cada ser enfrentará os resgates cármicos que estejam "escritos" em seu caminho evolutivo ou passará por situações necessárias para exercitar a humildade, a tolerância, paciência, perdão, compaixão, respeito, compreensão e serviço fraterno. Ninguém passa por situações que não possa suportar, transmutar seus sentimentos e ajudar ao próximo, em que pese o fato de muitos não resistirem e desistirem da jornada que lhes foi confiada ou mesmo que tiveram de vivenciar compulsoriamente. E quando a pessoa foge a um compromisso, terá de retornar a ele lá na frente, com aquelas ou com outras almas que a ajudem a educar-se espiritualmente, em algum momento cósmico, até o instante em que aprenda a amolecer o coração, a vivenciar a humildade, bem como a tolerância, a paciência, a compaixão e o amor incondicional de forma natural.

Por uma questão de conceitos de física cósmica, enquanto existirem elos energéticos ligando almas por cordões do ódio, vingança, mágoa, impulsos de vingança e toda a sorte de vibrações negativas, certamente haverá encontros entre essas almas, até que essas energias sejam transformadas e nasça ou renasça o amor entre elas. E isso pode durar muitos anos, décadas, séculos e até milênios. Há casos em que a transformação dos sentimentos entre elas vai ocorrendo aos poucos, ao longo de várias encarnações de reencontros.

Pergunta: E se uma das almas perdoar e compreender a outra, que permanece irada e carregada de sentimentos negativos, ocorre a desconexão energética entre elas?

Nicanor – Sim. Todavia, se houve de fato transformação profunda no coração daquele ou daquela que perdoou e compreendeu, esta irá se encher de sentimentos de compaixão e, dependendo de cada caso, iniciará um processo de ajuda e resgate daquela outra alma. Quando o ser ama de fato, se mobiliza pela cumplicidade em prol da felicidade do outro.

Pergunta: Nesse caso da resposta anterior, seria um caso de paixão superior?

Nicanor – Diríamos que sim. Para almas que ainda necessitam sair de estados de dureza do sentimento, num primeiro momento, sem dúvida é preferível e necessário a vivência da paixão, passando de natureza menos até mais intensa, como forma de tocar, sensibilizar o coração, e depois (poderá ser na mesma ou em futuras encarnações) amadurecerá e irá aos poucos migrando para estados cada vez mais delicados, sutis, elevados, até se transformar e construir a paixão superior dentro de si para, em estágios bem mais avançados de evolução, já no nível evolutivo intuitivo, transformar-se a ponto de alcançar o amor incondicional, de forma serena, construtiva, sem apegos desnecessários, sem afetações, sem dores emocionais, porém apoiada por estados de liberdade interior e a caminho do Amor Cósmico. Quando o ser adentrar então os níveis angelicais, iniciará uma longa jornada de expansão cósmica desse amor cósmico.

Pergunta: Retomando a questão de reencontros sucessivos, para que almas aprisionadas a elos de sentimentos negativos possam ir se perdoando e se compreendendo, até que tais elos se dissolvam e nasça o verdadeiro amor: há, entretanto, casos de almas que se reencontram várias vezes, não para efeito de resgates cármicos e de transformação de elos negativos em positivos, mas porque se amam e realizam esses reencontros como forma de se apoiarem um ao outro na caminhada evolutiva, não?

Nicanor – Sim, é possível e haja vários casos nessa direção. Há reencontros no mundo denso da matéria e mesmo no mundo astral, após o desencarne. No entanto, o ser humano necessita aprender a se desapegar de coisas e pessoas. O verdadeiro amor liberta; não aprisiona. Portanto, se duas pessoas ficam repetindo suas relações ao longo de várias encarnações, acaba havendo aprisionamentos pelo apego, o qual gera sofrimento. A dor é importante remédio para amadurecer corações empedernidos ou resistentes ao amor fraterno-universal, mas, quando um remédio alcança seu objetivo na cura, não há necessidade de se continuar administrando a mesma medicação. Talvez seja necessário outro remédio para continuar o tratamento em outro estágio de evolução do desequilíbrio, ou mesmo seja preciso mudar o foco do tratamento, em razão da pessoa ter mudado de estado vibratório.

Pergunta: E para onde caminham pessoas que se amam? Não estariam elas retornando para o reencontro com sua família espiritual monádica e, por conseguinte, ao reencontro com o Pai Celestial?

Nicanor – Sim, todos retornam à Fonte Original, mas com consciência expandida, em nível inimaginável pelos terráqueos, e repletos de amor cósmico. É preciso alcançar-se um estágio de consciência e amor de tamanho infinito, livre, desapegado e permeando a tudo e a todos. Somente quando alcançarem estágios arcangelicais, essas almas estarão prontas para se reconectarem integralmente à Mente Cósmica, ao Amor Universal. Até lá, há muito caminho a trilhar.

Sem dúvida, quando a alma atinge determinado estágio evolutivo, se mobilizará para auxiliar não somente as almas da mesma família monádica (sentirá dentro de si um impulso especial, diferente, como paixão superior no início e mais tarde se transformando em amor desprendido), mas também as almas amigas, as conhecidas, as que foram parentes biológicos no passado, as desconhecidas, as inimigas no passado, enfim almas irmanadas pelos elos que ligam todos a Deus, ou seja, integrantes da mesma família planetária, solar, galáctica e cósmica. E assim, conforme a consciência e o amor forem se expandindo dentro do ser, essa busca dentro da fraternidade universal também se expandirá em graus de relacionamento, espaço e latitudes cósmicas.

A tendência, e até como treino de expansão consciencial e de amor, é que ela conheça outras almas e amplie seus laços afetivos fraternais, ligando-se a relacionamentos diferentes à medida que reencarna, a fim de constituir novas famílias, resgatar carmas antigos, ou simplesmente ampliar sua capacidade de amar e se desapegar de relações antigas em que já não existam carmas ou elos negativos.

Assim, essa expansão de horizontes, conhecimentos e envolvimentos com almas diferentes ao longo da jornada cósmico-encarnatória é uma forma para que os seres que se apegam facilmente por carência afetiva e por medo de caminhar com os próprios pés aprendam e ganhem experiência e maturidade na capacidade de amar e servir incondicionalmente a quem surja em seu caminho. E, quando o caminho sai de dentro do lar, se expande em direção ao bairro, à escola, ao trabalho, à associação comunitária, ao agrupamento espiritual, à cidade, à região, ao país, ao planeta. E, assim, vai tomando contornos cósmicos, livres, desapegados, sem afetações emocionais, mas serenos e ricos em regozijo pelo simples prazer em ser canal do amor celestial do Universo.

Pergunta: Pelo que foi exposto, é parte da natureza do ser que evolui chegar a um tempo em que não mais sentirá paixão ou apegos em relação à pessoa amada, a um ente querido, mas alcance estágios expandidos de fraternidade.

Nicanor – O destino do ser humano é o amor fraterno. O amor entre casais e parentes é apenas treinamento ou exercício que vai lapidando os sentimentos, os quais vão se transformando aos poucos, com os espíritos deixando de ser mais e mais egoístas, orgulhosos e vaidosos e se tornando mais e mais repletos de sentimentos nobres, típicos de futuros espíritos superiores e anjos, que terão a capacidade e habilidade de amar a todos, crescente e indefinidamente, sem seleção prévia, mas incondicionalmente.

Pergunta: Mas, como bem disse o irmão, há um longo caminho a trilhar até se chegar a esse nível cósmico de fraternidade dentro de cada um. Entretanto, até lá, o envolvi-

mento entre pessoas que se gostam faz parte do amadurecimento da alma, rumo a estágios de amor cada vez mais ampliados. Desse modo, como lidar com situações em que não se encontram almas para que se possa realizar esse treinamento de forma mais harmoniosa? Ou seja, vemos neste planeta milhares, milhões, talvez bilhões de pessoas em busca do amor da sua vida que não o encontram, e repletos de desencontros, ou, quando encontram alguém para partilhar o amor, encontram pessoas que favorecem relacionamentos cheios de desencontros, desentendimentos, conflitos e dores?

Nicanor – Encontros e desencontros fazem parte da história cármica de cada um e também do que cada um alimenta em seus pensamentos e sentimentos, atraindo ou afastando as boas ou más vibrações. Isso tudo é parte do aprendizado de quem vive em planeta de provações, onde carmas e lapidações do egoísmo, vaidade e orgulho são condições indispensáveis para almas endurecidas em si mesmas e para com o próximo irem se aperfeiçoando. Os não encontros e desencontros entre almas e as relações harmoniosas fazem parte do amadurecimento e lapidação da alma.

Há situações, também, em que a alma necessita aprender a viver só e consigo mesma, para se descobrir e aprender a se amar.

Existem muitos casos de resgates cármicos de almas que machucaram muitos corações, deixando-os ao abandono, e que, portanto, recebem o retorno cármico de seus atos passados, via variados casos de sofrimentos e abandonos. Há outras tantas vezes, situações de pessoas que desejam encontrar alguém pronto, sem defeitos e então esperam viver uma relação de "sonhos", como num conto de fadas. Isso não existe nos mundos de expiação. E quando ocorre, o que é uma raridade, é porque as almas mereceram tal encontro e, certamente, continuarão suas caminhadas (em algum momento ou em encarnação futura) como amigos verdadeiros, sem mais aqueles elos de paixão e apegos dolorosos, e apoiados pelo amor fraterno (normalmente se reencontrando como irmãos ou pais e filhos, ou simplesmente amigos, por exemplo). E então, conhecerão outras pessoas, de modo a ir expandindo e diversificando as experiências relacionais e promovendo o desprendimento e desapego das paixões passadas, que geram tristeza, saudade e dores na alma (o que atrasa a evolução).

Uma alma que alcança níveis avançados de evolução, como o mental superior, e mais ainda quando alcança estágios angelicais, terá que estar preparada para lidar com humanidades, apoiada por um amor imensurável. Portanto, se ela não tiver passado por experiências diversas no mundo concreto das encarnações, com vários relacionamentos ao longo da trilha reencarnatória, não terá preparo para auxiliar quem vem atrás no caminho da evolução. Um guia precisa conhecer o caminho e enxergar mais longe que o guiado, sob risco de levá-lo para rumos desconhecidos e por imprevistos e perigos inerentes a quem não possui experiência concreta e habilidade para tal.

Pergunta: Isso quer dizer que a tendência natural é que o ser encontre e se relacione com várias almas ao longo de sua jornada evolutiva, seja como encarnado ou desencarnado? E evite ficar repetindo relacionamentos afetivos em nível de casal?

Nicanor – Sim, sem dúvida. Muitos antigos casais, mais tarde, se tornaram amigos após a morte física e depois dela, e em encarnações futuras serão pais e filhos, irmãos, colegas de trabalho, companheiros de jornada na congregação religiosa, e assim sucessivamente. Aliás, uma das formas de que a Espiritualidade se utiliza para auxiliar pessoas que guardam do passado paixões fervorosas ou mágoas e outros tipos de apegos (como ciúmes) é colocá-los frente a frente nas experiências reencarnatórias como pais e filhos, ou irmãos. Dessa maneira, dissolverão elos mais ardentes e de apegos sofridos e construirão elos mais fraternais, mais libertos de amarras escravizantes, mais universais, soltos. E assim, irão solidificar um tipo de amor mais expandido, mais rico, sem aqueles ardorosos sofrimentos e emoções infantis.

Pergunta: E nesse contexto se incluem resgates cármicos de relacionamentos passados cheios de conflitos e dores?

Nicanor – Sim, com toda certeza. Os resgates cármicos se apresentam como instrumentos da justiça divina para colocar as pessoas frente a frente com suas vaidades, arrogância, dureza de sentimento, egoísmo e impulsos instintivos, de maneira que o relacionamento sirva como oportunidade de resgate cármico e de lapidação das impurezas da alma. E, nesse contexto, se inserem casais, filhos, irmãos, vizinhos, colegas de trabalho, amigos e conhecidos. Assim, os antigos inimigos do passado terão a oportunidade de se perdoarem e desenvolver laços afetivos diferentes daqueles densos de outros tempos.

Pergunta: Mas nem sempre esses resgates são fáceis. E há muitas vezes conflitos mais intensos, rompimentos e até fuga aos compromissos assumidos antes do reencarne...

Nicanor – Todas essas experiências são partes do amadurecimento da alma; nada se perde no Universo e no processo evolutivo. Mesmo os que desistem no meio do caminho aprenderão e amadurecerão em algum momento de sua existência milenar, e em algum aspecto de seus sentimentos e formas de pensar. Nada há em que a dor não represente um remédio salutar para almas endurecidas. Mais cedo ou mais tarde, virá o amadurecimento; é uma questão de tempo – uns se retardam por demais, outros aprendem com mais rapidez a se tornarem mais sábios.

Pergunta: Existe um momento sensato de se romper uma relação afetiva?

Nicanor – Quando a relação chega a níveis repetitivos e contínuos de tensão descontrolada e de incapacidade de gestão de conflitos entre as duas pessoas, propiciando riscos de vida, agressões e toda sorte de violência, inclusive psicológica, será o momento de interromper a relação e adiar o resgate cármico, a fim de evitar danos maiores e ampliação de carmas mútuos ou de uma das partes. É preciso usar o bom senso, o discernimento, para se analisar caso a caso. Nessa determinada situação, é possível que ambas as pessoas ou uma das duas não tenha conseguido vencer suas próprias dificuldades internas, como orgulho exacerbado, vaidade e egoísmo endurecido e impermeável ao amor.

Pergunta: E relacionamentos com tensões e brigas, ain-

da que esporádicas ou eventuais, nas quais ocorrem diálogos, apaziguamento e tentativas de continuidade, após a tensão?

Nicanor – Havendo reflexões, atitudes maduras de diálogo e tomada de consciência após discussões e situações de estresse, certamente haverá crescimento de ambas as pessoas. Sejam desavenças individuais ou de uma das partes, decorrentes de resgates cármicos como ódio, inveja, mágoas, vingança e todo tipo de mazela armazenada no subconsciente, as quais tenderão a ficar emergindo como forma de impulsos emocionais e sensações (mesmo que não haja consciência de fatos passados, e na extensa maioria dos casos é isso que ocorre), propiciando a ocorrência de muitos conflitos lapidadores das duas pessoas, torna-se essencial o diálogo e a análise das causas e dos efeitos envolvidos na situação que gerou o clima tenso. Assim, que cada qual possa deixar de lado o orgulho e o egoísmo, aprendendo a ceder, a ouvir e a respeitar o espaço do outro. Esse aprendizado exige esforço e boa vontade de ambas as partes, ou de pelo menos de uma das partes (daquele ou daquela que estiver mais consciente e com maior lucidez).

E, às vezes ou quase sempre, é melhor que se busque o momento adequado para essa autoanálise ou catarse do casal, já que durante o clima tenso, isto é, se não houver equilíbrio emocional de ambas ou de uma das partes, é melhor deixar a temperatura arrefecer, pois quando em estado elevado de excitação a emoção raramente permite que as mentes atuem com serenidade e lucidez. "Para que a água fervente, no contato com o corpo, não queime a pele, é melhor deixá-la esfriar ou pelo menos ficar morna".

Pode haver casos, também, em que mesmo não havendo resgates cármicos entre as partes, ocorram conflitos inerentes a seres humanos imperfeitos, como parte do dia a dia da relação. Qualquer que seja o caso, ambas as partes terão a oportunidade de trabalhar suas mazelas íntimas e de se lapidarem, pois o esmeril gera atritos no processo de lapidação do diamante, até que chegue ao ponto de brilho e beleza. O atrito moderado, que se dá em bases fraternas, faz parte do processo de aprimoramento e lapidação de almas rudes ou em fase de aprendizado.

Quando se observa pedras de seixo às margens dos rios, temos a impressão de que elas sempre foram arredondadas, lapidadas. De fato, são assim, mas graças ao atrito entre elas ao longo do tempo e à ação do vento, da chuva, do sol, e da própria água do rio. Assim são as pessoas, ao lidarem com as situações da vida e nas relações a dois, entre familiares, parentes, colegas de trabalho, amigos e sociedade. Portanto, tratando-se de civilizações em provação e em regeneração, certamente atritos de ideias e de pontos de vista diferentes resultantes dos contatos interpessoais surgirão, de forma mais ou menos intensa. Caberá a cada um aproveitar esses momentos para fazer uma reflexão sobre o grau e a forma de expressão do orgulho, da vaidade e do egoísmo existentes dentro de si, e trabalhá-los. Somente o esforço de autoconhecimento e autotransformação será capaz de transformar conflitos em elementos construtivos e de amadurecimento da alma.

A vida a dois é uma excelente oportunidade para que duas pessoas aprendam a amar uma a outra, cultivando as verdadeiras bases do amor: respeito, cumplicidade, capacidade de recuar em suas opiniões, aceitar diferenças, aprender a perdoar e a pedir perdão, a compreender, a ser sincero, fiel, ter compaixão, abrir o coração e servir com boa vontade. A vida a dois representa o primeiro grau de doação verdadeira, especialmente quando nasce pelo estímulo da paixão – que mais cedo ou mais tarde terá uma redução natural na intensidade, reaparecendo ciclicamente, parcialmente ou até desaparecendo totalmente, dependendo de cada caso. À medida que a paixão vai arrefecendo, o ideal será o casal (ou pelo menos uma das partes deveria tomar a iniciativa) dialogar bastante e ir construindo as bases do verdadeiro amor, o qual fornecerá sustentabilidade na relação.

Em geral, quando duas pessoas estão envolvidas pela paixão ficam relativamente cegas para análises críticas e percepções mais sutis, por conta do domínio das emoções sobre a razão. No entanto, à medida que o fogo da paixão vai arrefecendo, a razão vai entrando em cena e se começa a observar defeitos, falhas e aspectos da personalidade e da natureza física e comportamental do outro, antes não percebida. Com o tempo e à proporção que ocorre mais intimidade e convivência mais próxima, é natural que ambas as partes ou mesmo uma das partes passe a olhar o outro com "lupa". Ora, ninguém é perfeito neste mundo. Portanto, que uma parte não espere perfeição da outra, mas compreensão às diferenças, respeito e disposição em se ajudar, a melhorar naquilo em que cada qual necessita para ir se aprimorando e melhorando a relação.

O ideal é que, numa relação a dois, houvesse um trato ou contrato psicológico apoiado na humildade e disposição para aprimoramentos mútuos. Ou seja: que cada um estivesse atento a si e ao outro, e cada vez que um percebesse necessidade de ajuste de atitudes, pensamentos ou sentimentos no outro, se expressasse claramente, de forma educada e amorável, e o ouvinte aceitasse a recomendação ou comentário de coração aberto e usando a sugestão como estímulo para esforços de autoconhecimento e autotransformação. Desse modo, cada uma das partes estaria crescendo e transformando a relação num verdadeiro campo construtivo de evolução conjunta e individual. É evidente que esse processo exige comunicação adequada, de forma serena, lúcida, equilibrada, usando-se palavras apropriadas e evitando-se agressões mútuas, respeitando-se a limitação e as dificuldades do outro, exercitando-se a boa vontade.

Pergunta – Parece que, no nosso mundo em provação, o orgulho e o egoísmo têm sido mais fortes nas relações a dois do que a humildade e a disposição de servir incondicionalmente. Esse tipo de contrato psicológico a que o irmão se refere, em que ambas as partes de um casal estejam com a humildade a postos no coração e a mente aberta para receber críticas construtivas visando ao autoaperfeiçoamento e a consequente melhoria da relação, só será possível na próxima fase planetária, quando entrarmos na era de regeneração?

Nicanor – A nova era planetária será construída por criaturas de boa vontade que desejam um mundo melhor. Essas almas de boa índole e boas intenções, que já se encontram encarnadas ou no orbe astral da Terra, cheias ainda de imperfeições, precisam imprimir essas mudanças íntimas desde já. Não precisam esperar pelo novo tempo, pois o novo tempo já sinaliza agora as gotas de esperança e ideais superiores que deverão alicerçar o período vindouro do planeta, o qual necessitará de pessoas com as quais se possa contar para estruturar as novas bases morais e comportamentais da sociedade terrena, que não nascerá do dia para a noite, mas a partir de um longo processo interior de trabalho e dedicação diária.

A lapidação mental-emocional dos habitantes deste planeta ainda necessita da dor como forma de sensibilização de seus corações, a fim de abrir frestas mentais para novos horizontes de vida, mais amplos, mais universalistas, balizados por princípios evolucionistas e pela Lei de Causa e Efeito, bem como pelo entendimento de que somente o amor será capaz de promover a verdadeira felicidade.

Portanto, que esses tipos de contratos psicológicos possam ser realizados desde já entre os casais. E mais, que essa postura possa se expandir depois para o restante da família (filhos), e para outros membros (irmãos, pais), e em seguida entre outros parentes, amigos, colegas de trabalho, e assim por diante, de modo a se construir de fato uma sociedade apoiada no amor verdadeiro, compreendendo que a regeneração é um processo longo que exige respeito, cumplicidade, cooperação e compreensão entre e de todas as partes.

A "casa velha planetária" se encontra em processo de desmoronamento, o qual se acelerará nos anos e décadas vindouros. Então, que o terráqueo não espere pelo futuro e que comece a construir o futuro desde já. Se o planeta necessitará de aproximados 200 anos para ter a habitação em estado razoável de moradia, que a nova casa planetária possa, paralelamente, começar a ser construída, tijolo a tijolo, desde agora, pois a obra será longa e exigirá muito suor e dedicação, a partir de transformações individuais no mundo interior.

Traçando um paralelo com o esporte, quanto mais dedicação e suor se exigir do atleta, mais sua vitória terá um gosto gratificante. Mesmo que não vença a competição, o importante é o resultado conquistado em forma de mais experiência, habilidade e amadurecimento. Dessa forma, espera-se que o ser humano obtenha mais experiência, habilidade e amadurecimento íntimo para melhor lidar com suas próprias mazelas interiores, como resposta ou "prêmio" ao seu esforço.

Pergunta: O que o irmão pode nos dizer a respeito de relacionamentos que se desfazem em clima de entendimento, sem mágoas ou conflitos, mesmo que deixem algum tipo de sofrimento, o que seria natural numa separação, todavia sem ranhuras que afetem até uma boa amizade futura?

Nicanor – Nos planetas mais avançados espiritualmente, quando um casal chega à conclusão de que cada um já aprendeu o suficiente ou o necessário com o outro, ou que suas trocas e intercâmbios se esgotaram, ou que a relação chegou a um ponto de saturação relacional, é normal que se separem de forma amigável e que cada um siga seu caminho, podendo encontrar e vivenciar uma nova relação afetiva sem a existência de mágoas ou estados emocionais infantis, ou até mesmo a pessoa podendo ficar sozinha e de forma serena e feliz até o fim da encarnação. Sem ressentimentos mútuos. Espera-se que na Terra isso seja cada vez mais comum nos dias atuais e certamente será no futuro, à medida que as almas amadurecerem como indivíduos e como sociedade.

Pergunta: E a questão dos débitos cármicos, como fica num caso desses, caso ainda haja carmas a serem neutralizados?

Nicanor – A leitura de carmas é algo muito complexo e não linear. O mais importante é que mágoas, cobranças, sentimentos de vingança e todos os impulsos emocionais agressivos, revoltosos, inconscientes e até inconsequentes sejam desfeitos, e que, apesar de imperfeições inerentes a cada um, que o respeito à decisão do outro ou dos dois seja aceito de forma serena e compreensiva, sem efeitos emocionais, apegos infantis ou escândalos desnecessários e não construtivos para a evolução de cada individualidade e do conjunto.

Os carmas possuem uma relação matemática, sim.[8] Con-

[8] Na página 49, da obra *O Sentido da Vida,* **EDITORA DO CONHECIMENTO**, irmão Hamod, parceiro de Ramatís na elaboração de várias mensagens elucidativas, detalha como a questão dos carmas exige uma elevada tecnologia que realiza simulações, com base na estatística cósmica, sobre tendências ou predisposições

tudo, dentro de um contexto complexo e que envolve muitas variáveis e relatividades no cálculo, proporciona adaptações e ajustes, sem que isso afete a contabilidade cármica final de cada alma e do conjunto da sociedade planetária, pois a justiça divina é perfeita, amorável, flexível, mas justa e estimuladora do progresso espiritual de cada ser. Quando fatores cármicos aproximam duas pessoas, é acima de tudo com o intuito de neutralizar sentimentos negativos existentes entre elas. Se sobrarem débitos, estes poderão ser neutralizados em outras relações interpessoais no planeta e, dependendo do caso, até em outro planeta, pois, olhando por lentes cósmicas, os débitos são acima de tudo para com o Universo. Nesse processo, é essencial não se alimentar culpas nem cobranças na intimidade da alma.

Pergunta: Mas se a separação deixar mágoas, ou mesmo resíduos de ressentimentos e de revolta em uma das partes do casal?

Nicanor – O plano espiritual e os anjos de carmas possuem habilidade suficiente para lidar com recálculos e reavaliações, lendo com profundidade o âmago de cada alma humana. Se perceberem que o tempo será o remédio suficiente para desfazer laços emocionais-energéticos negativos, então deixam que ele realize esse trabalho. Se perceberem que há débitos cármicos ainda a serem saldados, verificarão o grau de rigidez dos elos que ligam as duas pessoas e então poderão providenciar um reencontro futuro, tanto no Astral como no mundo das formas. Quando há débitos no mundo das formas, estes deverão ser neutralizados no mundo material. Ajustes no mundo astral servem como etapas preparatórias, pois a Lei é justa e obedece a uma série de enquadramentos energéticos atrelados aos registros akásicos e à contabilidade cármica, que exigem cumprimento de etapas adequadas a cada plano: físico e astral.

Pergunta: E esse retorno ou reencontro no mundo dos

---

que possam ocorrer ou não na encarnação de determinada alma, bem como avaliação de inúmeros outros aspectos envolvidos no balanço cármico da pessoa. E ainda disponibiliza, na página 53, um exemplo figurativo prático de como essa equação matemática é utilizada pelos Espíritos Superiores para analisar carmas.

encarnados será igualmente como casal, ou poderá ser de outra forma?

Nicanor – Todas as alternativas são possíveis: como casal, como pais e filhos, irmãos, amigos, colegas de trabalho; enfim, dependerá de cada caso, de profundas análises e simulações realizadas pelo plano espiritual. E se o processo for compulsório, não haverá consultas, como nos casos de almas revoltadas, ingênuas e sem condições de diálogo. Contudo, há vários casos em que existem acordos antes do reencarne.

Pergunta: Mas, mesmo em casos de acordos no plano astral, existem muitas almas que, após o reencarne (por conta do esquecimento natural sobre o passado, imposto pelo cérebro humano), falham em cumprir o prometido...

Nicanor – Sim, isso é bastante comum nos mundos em expiação, como é o caso da Terra. Quando o aceite no plano astral é realizado de forma sincera e profunda, em que a alma sente no seu âmago que esse compromisso será importante para o bom entendimento, resgate cármico e, acima de tudo, para a eliminação de resíduos negativos no campo emocional, então, como regra geral, haverá o cumprimento dos objetivos planejados, mesmo com falhas inerentes à condição humana de aprendiz da maturidade espiritual. Por outro lado, se no plano astral a alma aceita o acordo por respeito, por responsabilidade mental, mas sem atingir o âmago do sentimento, sem dúvida os riscos de não cumprimento serão elevados. É como a pessoa que cumpre seus deveres por mera responsabilidade e respeito à lei, mas que ainda não sente a decisão tocar no fundo de sua alma, de sua sensibilidade. A mente dá a direção de tudo, mas o coração é que responde com o combustível ou "veículo" transformador da alma.

Pergunta: E se a alma falha novamente?

Nicanor – Voltará a reencarnar, reencontrando o ser que tanto se liga a ela por elos negativos, até que essas conexões ou canais energéticos densos se desfaçam, esperando-se que sejam transformados em energias de amor-compreensão, amor-perdão, amor-respeito, amor-paciência, amor-compaixão e amor-doação. No mínimo, sempre quando uma alma falha, mais cedo ou mais tarde ela sentirá as dores do sofrimento pelo remorso (que pode demorar séculos ou milênios), e então virá um natural pequeno ou grande avanço em sensibilidade.

Pergunta: Mas se a alma resiste em aceitar o desafio de perdoar?

Nicanor – Em algum momento, a dor interior a fará ajoelhar-se diante do próprio orgulho. Se isso não acontecer no próprio planeta onde gerou o carma e onde o orgulho recrudesceu na intimidade, em algum lugar do Cosmo isso se fará. Como já dito anteriormente, pode demorar anos, décadas, séculos ou até milênios.

Pergunta: E quando apenas uma das almas se transforma e a outra continua renitente na revolta, e então continua pensando na vingança ou cobrando da outra pessoa por débitos ou sofrimentos passados?

Nicanor – Cada alma terá o aprendizado de que necessita para se tornar mais humilde e para se encaixar nos "trilhos" do seu autoconhecimento e autotransformação. Esse tipo de situação é muito comum nos processos evolutivos que envolvem almas com elos de sentimentos negativos ligando-as por anos, décadas e séculos, nos mundos astral e físico. E somente o amor será capaz de dissolver esses densos elos. Todavia, se uma das partes se ajusta, automaticamente estará vibrando numa outra frequência e, com isso, se desconectará da outra alma que ainda permanece cheia de amarguras e sentimentos de vingança. Normalmente, e até pelos laços que se criaram no passado, esta que avançou tentará realizar um trabalho de resgate daquela alma que ainda permanece nos lodaçais do Umbral (se desencarnada) ou sintonizada com pessoas encarnadas e entidades densas do Astral, se encarnada.

Pergunta: A que se refere o irmão Nicanor quando cita a questão do "trilho" de autoconhecimento e autotransformação? Haveria somente um caminho para cada alma se encaixar nesse processo evolutivo?

Nicanor – Os caminhos são muitos, e haverá muitos trilhos a se encaixar para cada alma, apesar de haver aqueles e até aquele com melhores probabilidades de resposta evolutiva. O termo *trilho* é apenas para levar o ser à busca de um referencial que o permita encontrar certo grau de equilíbrio relativo, e não estático, pois a vida e a evolução são dinâmicas e o progresso será inevitável. Ou seja, *trilho* aqui pode ser substituído por *caminho das pedras*, aquele caminho em que a alma se sinta bem, feliz, e, ainda que carregada de imperfeições e necessidade de imprimir esforços em sua jornada, mesmo passando por momentos de sofrimento, que estes sejam vividos sem revolta, com responsabilidade, sabedoria e utilizando seus processos e resultados como insumos para amadurecimento espiritual. Geralmente, os terráqueos enfrentam as vicissitudes da vida e as pedras do caminho com revolta, mau humor, tristeza, baixa autoestima e falta de confiança, ausência de fé nos desígnios superiores, intolerância, impaciência, egoísmo e maledicência.

Cada ser tem o seu caminho e não cabe a ele tomar o caminho do outro, e vice-versa. Ninguém é dono de ninguém, cada um e todos são membros e pertencem ao Universo infinito. Aliás, essa atitude de obrigar ou forçar quem quer que seja a seguir o seu caminho ou fazer com que outro esteja ao seu lado o tempo inteiro, mesmo que sob o argumento da paixão ou do amor, nada mais é que obsessão e uma forma egoísta de expressar um amor bastante primitivo e aprisionante. Ninguém tem o direito ou pode exigir do outro que siga o seu caminho. Afinal, cada ser é um universo em particular, ainda que todos estejam conectados como família espiritual, sociedade planetária e cósmica. Todos estão imersos num sistema cósmico em que cada parte interage com a outra, na grande orquestra universal, sob a regência amorável de nosso Pai Maior.

Pergunta: Mas não pode ocorrer que uma alma, pelo afeto que tem por outra, queira que esta siga os seus passos? Não seria justo e de bom alvitre ajudar o próximo a seguir um caminho melhor, em termos evolutivos, e não seria uma tendência querer que este siga por um caminho seu, já conhecido?

Nicanor – É natural que o ser se utilize de referenciais já

conhecidos, e que isso possa ocorrer num primeiro momento, às vezes até "carregando no colo" quem está extremamente desorientado, debilitado ou doente, que não consiga se firmar em pé, num caminho melhor espiritualmente. Todavia, é importante ampliar os horizontes mentais por parte de quem queira ajudar, utilizando-se do discernimento, de maneira que a ajuda, apesar da boa intenção, não acabe sendo prejudicial. De fato, é essencial estender as mãos a quem precisa ou quando se percebe que uma pessoa está indo em direção equivocada, mas que essa ajuda esteja balizada por princípios educativos, de modo que se ensine a outra pessoa a andar com os próprios pés, respeitando o seu livre-arbítrio. Exercitar o desapego deve ser prática rotineira do caminheiro, especialmente quando esse processo envolve alguém querido, pois o apego gera sofrimento não construtivo para a alma. O apego pode, ainda, gerar revolta quando não é correspondido, porque os sinais do Universo não lhe oferecem respostas condizentes com suas expectativas. E assim, tende a sobressair a indisposição, a insatisfação e a revolta que pode se fantasiar de tristeza ou violência.

Não se deve confundir ajudar com obrigar ou agir de forma obsessiva sobre a outra pessoa. Sem dúvida, ajudar, estender as mãos a uma alma quando se tem afeto por ela, é ato de amor-doação e compaixão. Mas, ao mesmo tempo, é essencial que o ajudante se instrua e sensibilize seu coração de forma madura, atente para a intuição e, assim, amplie o discernimento, e que este possa ser o fiel da balança no processo de auxílio, de maneira que essa ação seja de fato construtiva para o outro ser. Obviamente que o impulso de ajudar movido pelo sentimento de amor, ainda que esse amor seja primário, já demonstra uma atitude positiva que não deve ser desprezada, por seu grande valor dentro daquela faixa evolutiva em que a pessoa se encontra, pois na caminhada é natural que uns estejam mais avançados que outros. Contudo, mesmo aqueles que se encontram no início da jornada serão levados a exercitar o amor ao seu modo e dentro dos seus limites de percepção, compreensão e maturidade.

Mesmo que a tentativa de ajuda seja equivocada ou carregada de egoísmo, por querer ver a outra pessoa em estado melhor e ao seu lado, é evidente que tem seu valor. Porém, a evolução não para e quem deseja ajudar necessita continuar evoluindo, ampliando seu entendimento, aprendendo a amar de forma madura e balizada pelo discernimento e não apenas por impulsos inconscientes ou apaixonados.

O Universo é infinito, portanto haverá muitos lugares e situações em que uma alma poderá sentir-se feliz, com liberdade responsável, e ao mesmo tempo sem perder o carinho que sente pelos entes queridos, onde quer que estes se encontrem, pois para o fluxo vibratório do amor ou comunicação energética do amor não há distâncias no Cosmo.

Pergunta: Considerando o atual estágio evolutivo da humanidade, seria possível se viver sem paixão, como forma de aproximação entre casais e mesmo nas relações entre pais e filhos ou entre pessoas queridas, como forma de cuidado, carinho, expressão de afeto?

Nicanor – A paixão é uma forma de energia empolgante, motivadora, mobilizadora para aproximação de almas, importante para mundos de expiação e ainda será para mundos em regeneração. Contudo, representa expressão do sentimento carregado de variados graus de egoísmo e condizente com o grau evolutivo de quem ainda não ultrapassou o plano mental-inferior (ou intelectual) e chegou ao mental superior (ou intuitivo). Sem dúvida, para quem ainda não chegou ao nível de experimentar a paixão carregada de emoções, por viver apenas no mundo mental-inferior ou no instintivo, sem qualquer emoção, certamente será importante mergulhar no mundo da paixão emotiva, como instrumento de despertamento do sentimento em sua forma mais rústica. É como o despertar da sonolência do aspecto monádico para os primeiros exercícios de afeto, sendo destarte um caminho para os primeiros passos de dinamização da sensibilidade do coração, mesmo que de forma grosseira ou impulsiva.

Conforme já frisamos várias vezes, a evolução não dá saltos, e por isso, durante a jornada, quem ainda não sentiu paixão sentirá um dia, como treinamento para ampliação da sensibilidade até chegar a um tempo cósmico em que prevalecerá certo tipo de sensibilidade universal típico dos anjos.

Torna-se essencial continuar o processo evolutivo, não ficar parado e mergulhado no mundo das paixões (muitas almas ficam séculos e milênios presas nessa faixa, por mera ilusão e recusa a amadurecer). Então, sair do estágio das paixões, com amadurecimento mental-emocional, e à base de suor e/ou de lágrimas, representa condição básica de avanço espiritual. Suor ou lágrima se constitui em medicamento-chave como catalisador para o processo evolutivo e mobilizador do crescimento da alma, que não pode estacionar na idade infantil e adolescente, espiritualmente falando. Ela precisa chegar à fase adulta, com olhar mais cristalino sobre a realidade, mais sereno, sem perder a sensibilidade desenvolvida nos períodos em que esteve apaixonada, mas agora, canalizando essa energia de amor para objetivos mais elevados e mais ampliados de expressão do sentimento.

Portanto, a paixão tem seu papel de importância em termos de expressão do amor dentro de determinada faixa de progresso espiritual, e deve ser respeitada por quem já avançou e ultrapassou essa etapa evolutiva, pois o destino de todos, mais cedo ou mais tarde, será vivenciar um amor mais maduro, sereno, consciente, lúcido, sem perder a força impulsionadora do auxílio, compreensão, compaixão, paciência e da capacidade de servir incondicionalmente.

Pergunta: Como vencer os conflitos inerentes às relações a dois e em família, especialmente aquelas que envolvem resgates cármicos?

Nicanor – O desafio começa sempre dentro de cada um, no enfrentamento sincero e corajoso de suas próprias mazelas íntimas, iniciando-se pelo cultivo da humildade, a qual auxiliará a pessoa a enxergar seus aspectos negativos que precisam ser trabalhados. Mas é importante, também, alimentar a autoestima e ver os pontos positivos já conquistados e que podem ser cada vez mais estimulados.

Conforme se diz no ditado popular terreno: "só há brigas quando os dois querem", normalmente pressionados pelo orgulho e egoísmo feridos ou ameaçados. Exercitar a serenidade e a capacidade de ouvir com tranquilidade o outro representa postura sensata, bem como esperar para tomar decisões quando os ânimos estiverem calmos e não em momento de tensão ou desesperação. Aprender a ceder, a recuar, a encontrar o meio termo nos processos de discussão e entender que haverá sempre oportunidade para se chegar a uma negociação equilibrada, pronto para perder alguns pontos e aceitar essas perdas como necessárias para salvar o que há de bom na relação.

Certamente o orgulho e o egoísmo estarão a postos para pressionar a mente e o coração de cada um, no sentido de reivindicar posturas de resistência. Então, é fundamental cultivar-se a humildade e treinar a flexibilidade, compreendendo que a diversidade de opiniões é inerente à rica diversidade que compõe o Universo, e cada ser é um universo à parte. Desse modo, a paciência será sempre um bom medicamento para acalmar corações exaltados, e a tolerância aos defeitos dos outros será tão importante quanto tolerar os próprios defeitos, pois ninguém é perfeito. Um exercício sempre providencial é a respiração lenta e profunda, prática bastante eficaz desde os antigos iogues, como forma de serenar os ânimos e tornar a mente lúcida.

Pensando na relação a dois e expandindo esse universo para relações interpessoais dentro da família consanguínea, será sempre um treinamento para cada membro desse universo aprimorar a capacidade de compreensão, exercitar a tolerância aos defeitos dos outros e a paciência para com o ritmo e a forma de ser de cada um. Os mais conscientes serão sempre os mais responsáveis nesse universo, cabendo a eles o bom exemplo. Defeitos e desafios serão estimulados e surgirão nos contatos de opiniões diversas e nos atritos inerentes às relações humanas, mesmo quando não há resgates cármicos envolvidos. Esses atritos ocorrem em decorrência das próprias imperfeições inerentes à alma em jornada evolutiva. As mazelas serão estimuladas a sair de dentro de cada um, como forma de serem conhecidas e trabalhadas.

Se a pessoa viver só, isolada, tais mazelas ficarão acomodadas e guardadas dentro de si e, dessa maneira, não serão conhecidas ou não serão processadas no sentido da transformação rumo à Luz, promovendo adiamento de oportunidades. Por isso, que as relações a dois e em família sejam diariamente agradecidas a Deus, e que essas oportunidades de resgates e de lapidação de almas recebam a melhor forma de gratidão por meio de esforços íntimos e individuais de autotransformação, a cada dia da vida, pois uma encarnação é de fato uma preciosidade que deve ser devidamente valorizada, respeitada e aproveitada de modo construtivo.

Somente para se ter uma ideia, e a título de ilustração, há em média quatro almas querendo ou precisando encarnar para cada "vaga" encarnatória preenchida. Ou seja, um encarnado tirou a vaga de outros quatro no mundo astral, que lá permaneceram. Então, quem está encarnado foi, de certo modo, selecionado para essa viagem no mundo das formas, como oportunidade valiosíssima de autolapidação. Lembramos mais uma vez que a encarnação é uma forma de drenagem da psique repleta de toxinas mentais-emocionais, e o corpo será um filtro essencial para drenar esse peso energético e, ao mesmo tempo, promover resgate de carmas e crescimento interior.

Pergunta: O irmão falou anteriormente que em planetas mais evoluídos que a Terra é comum as pessoas se separarem de uma relação a dois e ambas saírem tranquilas, sem mágoas ou ressentimentos, entendendo que a relação se esgotou em termos de mútuo aprendizado. Isso pode acontecer várias vezes numa única encarnação, isto é, a pessoa ter muitos relacionamentos? Essas mudanças de relacionamentos não poderiam se caracterizar como promiscuidade relacional?

Nicanor – Sujeira e toxinas psíquicas se encontram nas mentes das pessoas. O espírito é imortal e passará por muitas dezenas, centenas e até milhares de encarnações. Nessas experiências, a alma terá a oportunidade de conhecer muitas outras almas e aprender a amá-las, mesmo começando pelos ardentes caminhos das paixões, e que estas a levem a dores e sofrimentos emocionais, importantes para ampliar a sensibilização, respeito ao próximo e doçura do coração, dissolvendo a dureza do egoísmo e do orgulho e levando-a ao amadurecimento dos sentimentos. Com o tempo, o que certamente acontecerá em muitas e muitas encarnações, virão a serenidade e a lucidez nas relações interpessoais, sem perder o aprendizado dos tempos passados repletos de paixões.

As maiores conquistas de um ser dentro de uma encarnação e entre as várias vidas deverão ser o aprendizado mental-emocional, o cultivo cada vez mais ampliado de amor fraternal e a capacidade de doar-se incondicionalmente.

Assim, relações a dois, entre parentes consanguíneos, amigos, conhecidos e colegas, surgirão ao longo de cada jornada encarnatória. Haverá aproximação de almas que se conheciam no passado recente ou longínquo, haverá o surgimento de novas almas no caminho visando a novas descobertas e ampliação de horizontes relacionais, importantes para o ganho de maturidade espiritual.

E sempre, nas relações interpessoais, a alma passará por oportunidades de colocar para fora suas mazelas e suas potencialidades ou conquistas positivas. Várias relações a dois podem ocorrer dentro de uma única encarnação ou em várias, dependendo de cada caso, de cada necessidade da alma, e conforme a natureza e personalidade da pessoa. Esse treinamento de encontro com várias almas representa, também, um exercício de desapego e um aprendizado da capacidade de expansão do amor. Afinal, o futuro anjo vivenciará esse amor incondicional a tudo e a todos, indiscriminadamente – é claro que sem a necessidade humana do toque, do contato físico, mas com energias de amor em sua aura e em direção ao próximo e ao ambiente.

O futuro anjo, para vivenciar amor incondicional, não chegará a esse nível de consciência e amor expandidos se não tiver passado por experiências humanas de paixão inferior, de paixão superior e amor maduro, pois essa é uma escala inerente ao processo evolutivo e de lapidação da alma, que vem de estágios grosseiros, selvagens, e vai se aprimorando até alcançar bons aprendizados, trocas e educação dos instintos e de emoções. Então, aos poucos, se tornará um "diamante" com brilho, lapidado pelas dores dos mundos em expiação e regeneração, pelo suor (no início, com sacrifício, disciplina, mobilizado pela ética cósmica; com o passar do tempo e a maturidade, imerso em sentimentos de bem-estar e regozijo) da subida ao monte da elevação espiritual, até chegar a mundos superiores repletos de seres que se amam de forma madura, serena, lúcida e rica em energia de doação incondicional, compreensão, paciência, resignação, intercâmbio de conhecimentos e experiências.

Pergunta: Então, como se diz no ditado popular na Terra: "não adianta colocar a carroça na frente dos bois"? Ou seja, não seria de bom equilíbrio a pessoa querer ser o que ainda não é, em termos de sentimentos e graus evolutivos, apesar de a mente racional identificar metas ou ideais superiores? É preciso esperar chegar o seu tempo e viver o agora, com as próprias imperfeições, sem culpas?

Nicanor – A postura humilde de aceitar-se imperfeito e com as próprias imperfeições é um passo importantíssimo para o caminheiro. Todavia, o ser não pode se apoiar nesse argumento para criar subterfúgios conscientes ou subconscientes e ficar imerso nas próprias mazelas, não mobilizando esforços necessários e suficientes para transformá-las. Sem regatear esforços e sem querer ser, por orgulho, arrogância e vaidade, um ser espiritualmente elevado que ainda não é, pois esse pedestal frágil e ilusório certamente ruirá em algum momento. Há muitas pessoas que desencarnam achando que vão encontrar os céus ou planos superiores e se deparam com o Umbral, por conta de seu orgulho, vaidade e egoísmo, que se encontravam aprisionados no fundo do subconsciente e que não foram identificados e trabalhados corajosamente e de modo maduro.

É importante trazer o futuro para o agora, em doses homeopáticas, isto é, se a pessoa pensa possuir sentimentos superiores, que afirme esse propósito em sua mente, exercite os bons pensamentos, mas ao mesmo tempo faça os mergulhos interiores pela meditação e pela auto-observação diária, sobre quais sentimentos realmente existem dentro de si e que necessitam ser transformados, especialmente nas relações interpessoais.

Que aproveite os relacionamentos para identificar a arrogância, a vaidade, o egoísmo, a presunção, a falsidade, a aspereza e outras mazelas íntimas dentro de si. De que maneira reage o orgulho quando recebe uma crítica, leve ou mesmo incisiva? Como reage o egoísmo quando é levada a dar algo pelo qual possui apego, ainda que tenha sido roubada por um delinquente que a machucou e a deixou à deriva? Como se sente ao ser humilhada pelo chefe arrogante? O que acontece aos seus instintos e impulsos de paixões inferiores, quando vai à praia e visualiza pessoas sensuais? E assim sucessivamente.

Isso quer dizer que essa pessoa em questão não precisa esperar pelo futuro para viver um mundo interior mais harmonioso e em direção à Luz Maior. Assim sendo, que tenha consciência do real estado mental-emocional e instintivo em que se encontra dentro da jornada, mas que as mazelas não sejam negadas e escondidas, e sim colocadas para fora, identificadas e trabalhadas, com equilíbrio, esforços e persistência, mesmo diante de quedas. E se houver quedas, que estas lhe sirvam de oportunidade para reflexão, amadurecimento e fortalecimento, e não para alimentar culpas ou remorso improdutivo.

É como o cavaleiro que precisa ter controle equilibrado sobre o cavalo: não prender demais as rédeas, sob risco de o cavalo não andar, e não soltá-las excessivamente, sob risco de perder o controle frente aos instintos selvagens do animal. E quanto mais selvagem for o animal, mais atenção e educação será necessário imprimir na relação com ele, mas sempre carregadas de amor-compreensão, amor-doçura, amor-aceitação, amor-tolerância, amor-paciência. E também, com amor-firmeza, amor-determinação, amor-persistência, autoconfiança e fé nos desígnios superiores.

A evolução íntima não se processa com violência, mas com amor e firme propósito de prosseguir na caminhada, consciente de que imperfeições fazem parte da condição humana de quem está no caminho se lapidando a cada experiência de vida e a cada encarnação. E sentir-se no caminho já merece manifestação de alegria e gratidão ao Pai Maior pela existência como ser infinito rumo à Luz, sem autoperseguição, sem autopunição, sem paranoia; ao contrário, sentindo-se no fluxo da força impulsionadora do progresso espiritual e sendo por ela abastecido.

Pergunta: Quando numa relação existe uma diferença acentuada de inteligência, cultura ou sensibilidade, e desequilíbrio também na questão dos instintos, como lidar com essa situação?

Nicanor – Quem estiver mais à frente, evolutivamente falando, terá a responsabilidade de gerenciar a relação com equilíbrio e se responsabilizar por imprimir mais tolerância às imperfeições da outra parte, exercitar mais paciência e ter mais disposição em servir, com espírito de educação do(a) parceiro(a), o que lhe exigirá persistência serena e habilidade para amar ainda mais quem necessita de mais amor, compreensão e orientação.

Pergunta: E quando a outra parte reage negativamente, com grosserias e resistência a mudanças? É fato que muitas vezes só se conhece profundamente alguém quando se divide o mesmo teto e os problemas e fraquezas de cada um se sobressaem.

Nicanor – Há em muitos desses casos resgates cármicos com compromissos assumidos por ambas as partes e, certamente, pelo menos por quem está mais consciente e responsável dentro da relação. No entanto, podem ocorrer encontros novos em que, no momento da paixão, geraram aproximação e envolvimento mais profundo. A paixão é puramente emocional e não tem "olhos" lúcidos, podendo levar a decisões momentâneas que no futuro espera-se sejam transformadas em uma relação mais duradoura. Nesses casos, a tendência é que a paixão ardente do início da relação passe, esfrie e, se não houver sintonia maior para que nasça um amor bem estruturado, a tendência é haver desequilíbrios, conflitos e até rupturas.

Sem dúvida, a felicidade é algo que deve ser a todo instante buscada. Mas ninguém é obrigado, por lei alguma, a se sentir infeliz numa relação desequilibrada e onde não haja compromissos cármicos envolvidos, além do que, muitas vezes, compromissos podem ser saldados de variadas formas, face às variadas maneiras de se expressar amor.

O livre-arbítrio, apoiado pelo discernimento, será o GPS nesses casos. É importante trabalhar mágoas e ressentimentos, em casos de rupturas relacionais, para se evitar a criação de elos energéticos ou conexões negativas entre ambos, com consequentes débitos cármicos futuros. A serenidade e a lucidez, aliadas ao amor-sensatez, amor-compaixão e amor-educativo serão aliados providenciais de quem possui mais esclarecimento, no sentido de ajudar a quem está mais atrás na jornada evolutiva.

Todavia, com tudo isso, e optando-se por permanecer na relação, sempre será mais uma oportunidade para quem está mais à frente na evolução ou para quem possui mais conhecimentos e informações esforçar-se por disponibilizar mais doação em serviço fraterno à outra pessoa, com mais tolerância ainda, mais paciência e resistência serena aos impulsos de reação negativa, revoltosa e agressiva. Quando o clima está tenso, é melhor silenciar e esperar os ânimos se acalmarem para decidir qualquer coisa ou conseguir encontrar um ponto de equilíbrio emocional. Sem dúvida, quanto mais próximas as pessoas estiverem, mais estarão em contato com as imperfeições do outro e, certamente, mais se exigirá disposição em autotransformação. O ajuste de uma relação começa com os ajustes internos de cada um.

Regra geral, uma pessoa põe culpa na outra pelos problemas existentes numa relação e se esquece de fazer o seu trabalho íntimo de autotransformação. É mais simples olhar o defeito no outro do que em si próprio. Por isso, sempre retornamos ao mesmo ponto: o autoconhecimento e a autotransformação são as grandes molas mestras para a resolução de todos os problemas da Terra, pois, se cada um fizer a sua parte, a sociedade terrena estará pronta para iniciar de modo mais massificado o seu trabalho de regeneração, o qual será condição inadiável para o futuro do planeta e é o que serve de estímulo àqueles que já têm "olhos de ver e ouvidos de ouvir", para que possam, desde já, iniciar esse processo autotransformador.

Pergunta: Como saber se uma relação é cármica ou não?

Nicanor – Silenciando a mente e o coração, fazendo meditação e aproveitando os momentos de prece para ouvir a voz de Deus, a voz da centelha divina, a voz do guia e de amigos espirituais. Com a mente turva e agitada, sem dúvida fica difícil auscultar a própria alma e perceber os sinais que o Universo oferece e mostra a cada instante da vida. Todos os sinais estão ali, próximos da pessoa; basta acalmar a mente e o coração para senti-los. É preciso, também, o ser humano aprender a ouvir e a dar confiança às suas intuições, que são aqueles pressentimentos, aqueles sinais muitas vezes carregados de discernimento inexplicável, aquelas informações mescladas com sensações e impressões que advêm subitamente e sem a interferência da razão. É aquela informação ou confirmação que vem do fundo do coração.

É claro que a meditação, o pedido de inspiração ao Alto, por meio da prece, e a boa sintonia com o guia espiritual servirão de contraprova do que se intuiu, pois há casos de informações equivocadas ou com artimanhas advindas do próprio subconsciente da pessoa, ou mesmo sugestão de entidades negativas que podem confundir a cabeça do "ouvinte" da intuição. Contudo, um aspecto deve ser levado em conta: se na intuição havia uma boa vibração, sutil, serena, lúcida e amorável, certamente ela será fidedigna.

Pergunta: Conforme o irmão nos disse, mesmo em casos de resgates cármicos, é possível abdicar-se da relação quando se chega a um patamar insuportável...

Nicanor – O discernimento será o GPS das decisões, e o livre-arbítrio deve ser respeitado. E de fato como já dissemos: que decisões sejam tomadas em momentos de serenidade e lucidez e não sob o impulso da agitação, das tensões e da raiva. Se a violência física e/ou psicológica toma conta da rotina, é melhor adiar o resgate, pois se a relação chegou a esse ponto é porque as partes não estão conseguindo administrar o próprio orgulho, a vaidade e o egoísmo. Em qualquer que seja a situação, o discernimento e o amor sincero, fiel e responsável serão sempre amigos da boa decisão.

Pergunta: E quando há filhos na relação, os quais sofrerão em casos de separação?

Nicanor – Os filhos são, antes de tudo, espíritos que não estão na relação por acaso. Se uma relação chegou ao limite, em decorrência de violências, quaisquer que sejam elas, e, se o casal não consegue administrar suas próprias mazelas, o clima de violência será bem pior para os filhos do que uma separação. Mas que se busque salvar a amizade entre os dois, ou pelo menos, um clima de respeito e civilidade, até porque, havendo almas dependentes desse bom exemplo, ambos continuarão carregando a responsabilidade da boa educação e do amor aos filhos. Obviamente que um casal deve fazer de tudo para se manter ligado pelo afeto, pelo respeito, pela compreensão, pela tolerância e paciência e, na existência de filhos, sem dúvida a responsabilidade aumenta sobre as duas partes.

Pergunta: Na nova fase planetária, de regeneração, haverá separação de casais, caso se chegue a situações difíceis de convivência?

Nicanor – Espera-se que na nova etapa do planeta o amor e o discernimento estejam na base de todas as relações interpessoais. Contudo, o ser humano estará ainda cheio de imperfeições e em estágio de aprendizado, portanto sujeito a falhas e correções de rumo. Não haverá subida de patamar espiritual dos habitantes da Terra de modo súbito e sem esforços de autotransformação. Assim, erros e acertos, decisões equivocadas e tropeços farão parte das vidas rotineiras. Todavia, o perdão, o recomeço e a amizade verdadeiramente fraterna estarão balizando os relacionamentos. Haverá processos educativos, desde a fase infantil, de modo que, ao se chegar à fase adulta, o ser estará com ferramental psicológico suficiente para tomar decisões sensatas ou para pedir ajuda a quem possa orientá-lo, esclarecê-lo e apoiá-lo.

Já afirmamos: em planetas mais avançados espiritualmente, casais se separam amigavelmente quando concluem que já aprenderam ou trocaram o que precisavam, e então decidem seguir outros caminhos, buscando outras experiências que lhes proporcionem cada vez mais amadurecimento como cidadãos planetários e do Universo. Mágoas, submissão emocional, escândalos, apegos desnecessários são densos apetrechos energético-espirituais que só puxam para baixo os sentimentos e a razão, e que só emperram a evolução serena, o progresso abastecido pela paz e a verdadeira felicidade do caminheiro rumo à Luz.

Pergunta: O irmão sempre está repetindo a questão do apego como algo negativo. Poder-nos-ia aprofundar um pouco mais este assunto?

Nicanor – O apego é algo que deve ser trabalhado continuamente, pois decorre de egoísmo existente dentro do ser, que não raras vezes atinge estágios patológicos de fixação mental-emocional e obsessão, podendo perpassar por vários anos, décadas e séculos, cruzando várias encarnações e gerando conexões magnéticas entre almas. E quando ocorrem rupturas ou afastamentos (voluntários ou casuais), estes tendem a gerar revolta, tristeza e depressão, que são processos que nascem da relação íntima entre orgulho e egoísmo, inerentes ao ser. A paixão gera apegos, seja numa relação de casal, entre pais e filhos, irmãos ou amigos, entre mestres e aprendizes, e vice-versa, na relação com animais de estimação, e até no que tange a coisas ou mesmo apego ao próprio intelecto, beleza física ou *performance* artístico-cultural.

Quem ainda não passou por essa fase evolutiva, principalmente a de apego decorrente da paixão afetivo-relacional a dois ou interfamiliar, deverá um dia vivenciá-la, pois, para almas endurecidas na sensibilidade, viver essas emoções ajuda a desatar nós energéticos de individualismo no coração, os quais impedem o ser de soltar seus sentimentos em direção a outras pessoas.

Entretanto, quem já está imerso nela ou quem já viveu muito e sofreu muito por paixões na vida presente e em outras, ou mesmo quem nela ainda se encontra aprisionado mental e emocionalmente, certamente está na hora de começar a trabalhar essas emoções. Normalmente, a vivência de paixões tende a gerar traumas ou mesmo medos diversos, como por exemplo o de vivenciar novas paixões, e então acaba por proporcionar reações contrárias a estas. Espera-se que reflexões e amadurecimentos após dores emocionais decorrentes de paixões proporcionem aumento do discernimento e ampliação dos sentimentos por meio da fraternidade, em direção a várias pessoas.

Espera-se sempre que a alma milenar aprenda e amadureça com as dores, sejam por conta de paixões doentias, amarguras, perdas, sofrimento por traições, separações dolorosas, rupturas inesperadas por acidentes ou por destinos tortuosos, enfim, qualquer expressão de paixão em que o afastamento gerou dor emocional.

Há casos de pessoas que esperam por uma paixão (que nunca virá, por questões cármicas ou por sua própria postura mental distorcida, egoísta e negativista, que desencadeia um autoboicote; por isso mergulham em relações ilusórias na ânsia de encontrar sua alma gêmea, e se esquecem de viver) e vivem imersas nessa esperança a ponto desta se tornar doentia. E então, o ser esquece de canalizar esses sentimentos em direção ao próximo, por meio de expressões fraternas, da caridade, do estender as mãos a quem necessite, não apenas de ajuda material, mas principalmente de uma orientação construtiva, uma boa palavra, um abraço fraternal, um sorriso.

A angelitude e a arcangelitude serão, respectivamente, o destino de todos, e o anjo e o arcanjo sentem amor incondicional, livre e universal por tudo e por todos, servindo com suas mentes e seus sentimentos doces, desapegados e não seletivos, assim como o Sol gera luz e vida a todos, indiscriminadamente, sem se apegar e se aprisionar a quem quer que seja, apenas servindo amoravelmente.

Então, desde já, é importante que o ser vá cultivando um amor superior, canalizando suas energias apaixonantes para um sentido mais amplo, mais liberto de paixões, mais integralizado, cada vez mais sereno e desapegado. É nesse diapasão que os seres superiores vibram, pois superaram as agruras e o egoísmo humanos. Por isso, não possuem sofrimento. São seres que crescem a cada dia em força interior e em potência energético-doadora incondicional, sendo levados cada vez mais a emanar amor fraterno-universal em direção à natureza e a todos os seres humanos.

O desafio dos que se encontram dependentes de paixões é sair desse estágio de amor egoísta em direção a ajudar os mais próximos, os de dentro da família, parentes, amigos, mas também os mais distantes, porque também são irmãos diante de Deus. O momento planetário convida todos a expandirem o seu amor além do círculo familiar, em direção ao amor planetário. Essa é a essência do amor crístico. Em associações, em comunidades espirituais, no trabalho profissional, na fila do ônibus, na rua, enfim, em todos os lugares, sempre haverá oportunidade para se estender as mãos e servir amoravelmente.

Às vezes, no início, é preciso realizar atividades fraternais com disciplina e por responsabilidade consciencial. Mas, com o passar do tempo, é indispensável ir se ampliando os sentimentos e usando todo o seu potencial de amor em direção à fraternidade comunitária, planetária e cósmica, respectivamente. O cultivo do amor cósmico representa o amor universalista, sem limites planetários.

Pergunta: Não pode ocorrer que uma pessoa busque encontrar o seu amor e, em razão de seu estágio evolutivo, pense e sinta com os olhos e o coração da paixão? E ainda, não pode ocorrer que em vida anterior não tenha correspondido com o devido amor a uma determinada alma e agora se sente inconscientemente culpado e se cobra por esse encontro, para resgatar o que fez de equivocado ou por atitudes egoístas?

Nicanor - Sim, isso pode acontecer. Aliás, ocorre bastante em planetas de provação, como este. Em decorrência do grau evolutivo da Terra, a grande maioria das almas se encontra no estágio em que o amor se expressa pelo meio ilusório da paixão, como forma de favorecer encontros e aproximações de almas. Há, aproximadamente, um terço de almas humanas terráqueas que ainda são muito endurecidas no coração, vivem imersas nos instintos puros e com alguns suspiros intelectuais, e por isso estão na porta de entrada de vivenciar essas emoções para desbloquear seus sentimentos adormecidos, por serem almas novas no reino dos humanos. E há outro terço que já avançou no intelecto, mas resiste a se deixar tocar no coração, os quais se somam a outras tantas almas que se encontram traumatizadas por situações de dor emocional em outras vidas, e, por isso, fecharam as portas do coração (se encontram em estado doentio).

As que estão nas portas da entrada de vivenciar paixões afetivas, bem como as que necessitam desbloquear fechamentos no coração por conta de traumas passados, certamente necessitam passar por essa fase evolutiva. As que se encontram imersas nessa fase, mas ainda necessitam resgatar carmas relacionais e aprimorar as emoções, saindo de estágios inferiores para estágios superiores de paixão, certamente ainda permanecerão nesse clima interior por algum tempo, até amadurecerem e compreenderem que o verdadeiro amor está além das paixões. Existe ainda um grupo de almas terrenas que já sofreu muito por paixões e ainda as buscam, mas que já está na hora de iniciar um longo processo de educação e amadurecimento interior, saindo dessas fases mais egoístas e indo em direção ao amor fraterno-universal. Há na Terra uma minoria, não mais que um por cento das almas (contando entre encarnadas e desencarnadas) que já ultrapassou essa fase e caminha num patamar maduro de amor. São aquelas pessoas que se sentem bem e gratificadas ao se envolverem com associações de caridade, grupos espirituais com serviço ao próximo, que se entregam amoravelmente no cuidado do filho ou do cônjuge com doença crônica ou incurável, que sentem compaixão e buscam ajudar os necessitados de toda sorte, que se dispõem a orar pelos sofredores da sua cidade, do seu país e do planeta.

Pergunta: É possível vivenciar esses sentimentos mais maduros de fraternidade e, ao mesmo tempo, ainda sofrer as pressões mentais-emocionais de encontrar uma paixão ou alguém que se sintonize consigo no campo físico, emocional, mental e espiritual? Aquela busca da alma-gêmea, como alguns ainda sonham, ou de algo semelhante?

Nicanor – Sim, isso não só é possível como ocorre de fato. São almas relativamente inseguras em seus posicionamentos, isto é, que se encontram em fases intermediárias entre apegos a padrões viciosos de paixões emocionais e a ascensão para estágios mais maduros de evolução no campo do sentimento. Possuem ideais elevados, contudo ainda se encontram mergulhadas em sonhos emocionais. A evolução não é linear, os sentimentos e pensamentos se misturam bastante dentro de corações e mentes humanas, num verdadeiro mosaico complexo, mesmo no caso de almas que estão lá atrás na evolução, mas que já pressentem ou possuem relances de pensamentos superiores, mesmo que fugazes. Há, ainda, aquelas mais avançadas, porque já viveram muito, já possuem ideais elevados bem firmados na mente, mas seus sentimentos ainda oscilam entre estágios maduros e imaturos.

Todo esse processo faz parte do crescimento e evolução do ser que caminha em direção à Luz Maior. Ninguém está pronto; a evolução é eterna. E, na Terra, por conta de o grau de avanço espiritual do planeta ainda se encontrar na fase expiatória e no limiar do início de um novo estágio de vivências evolutivas, esse "caldo" está ainda mais misturado, onde há densidades (em muita quantidade) e levezas (tentando se lapidar).

Em meio a todo esse turbilhão nas mentes e corações dos terráqueos, espera-se que todos possam sentir felicidade no seu íntimo e agradecer a Deus pelas oportunidades que Ele lhes concede para vivenciarem e experimentarem vários caminhos de pensar, sentir e agir, de sofrer, suar, sorrir, chorar, se esforçar e, mesmo tropeçando, de se levantar na jornada do progresso espiritual íntimo. Hoje, quem não enxerga a Luz que o banha, a enxergará em futuro próximo ou distante.

Pergunta: O que seriam esses sonhos emocionais a que vos referis?

Nicanor – A pessoa pode expandir seu intelecto por ocasião das várias vidas como encarnado, somadas aos períodos ou estágios no plano astral. E se torna uma alma antiga, mas muitas vezes e, normalmente, demora para amadurecer no campo do sentimento.

É algo muito comum e observável dentro de uma determinada encarnação, quando a pessoa assume sua personalidade nessa vida e, por diversos fatores, dentre eles porque não recebeu o carinho esperado durante a infância ou porque traz traumas de outras vidas ou ainda porque foi excessivamente mimada, ao chegar à fase adulta cresce em intelectualidade, mas ainda fica presa à infância. Muitas vezes, isso fica perceptível até na expressão da voz (infantil) e nos comportamentos que exigem o enfrentamento de situações desafiadoras no campo emocional, demandando equilíbrio, serenidade e enfrentamento do problema. Não raras vezes, essas pessoas fogem desse enfrentamento ou reagem como crianças, esperneando e demonstrando alto grau de imaturidade emocional e aprisionamento a posturas egoístas ou egocêntricas, chegando a elevados graus de frustrações, insatisfações, tristezas e mergulhando em processos depressivos.

A maioria das almas do orbe terreno, quando encarna, passa pela fase infantil e chega à fase adulta ainda presa a pensamentos e emoções pueris, processo resultante de sua própria jornada espiritual, o que denota que ainda são espíritos infantis e, mesmo que sejam almas velhas, isto é, que já encarnaram dezenas ou centenas de vezes, cresceram em intelecto, mas no campo do sentimento ainda são infantis ou adolescentes, demonstrando um largo descompasso entre mente e coração. Ou seja, não amadureceram ainda seus sentimentos e, na maioria dos casos, seus pensamentos (quando se trata de relações interpessoais) igualmente estão presos a posturas infantis, imaturas. Necessitam, portanto, do que alguns psicólogos da Terra chamam de inteligência emocional (ainda que estejamos nos referindo a algo que vai além do conceito de inteligência emocional).

Nesse sentido, há uma gigantesca quantidade de almas encarnadas e até mesmo desencarnadas, no orbe terráqueo, que ainda sonham com o príncipe encantado ou com a princesa encantada. Todavia, almas existem para progredir espiritual e incessantemente, pois assim funciona a evolução. E quando o ser resiste ao fluxo impulsionador e natural da evolução, ocorrem patologias mentais-emocionais, que podem permanecer por séculos dentro da alma, até que ela amoleça seu coração do orgulho e egoísmo e abra sua mente para horizontes mais largos.

Pergunta: Nas várias andanças da alma humana, des-

de os tempos antigos, passando por encarnações nos quatro cantos do planeta, há encontros e desencontros de almas sintonizadas com os mesmos propósitos e ligadas desde os tempos monádicos?

Nicanor – Certamente. Mas, na maioria dos casos de almas com vínculos monádicos, elas não se dão conta disso quando encarnam. Há situações, inclusive, em que uma ou outra parte pode até rejeitar a outra, em função do desnível evolutivo de uma para com a outra, isto é, uma avançou mais e se desconectou mentalmente da outra, ainda que haja conexões energéticas no campo do sentimento, pois são elos essenciais que um dia farão reencontros, em algum lugar do Cosmo.

No caso de almas com sintonia mútua, podem ocorrer sintonias baixas, por ter havido conivências no roubo, nas artimanhas, nas farras, enfim, na realização de atos e satisfações grosseiras, assim como quando uma alma se desgarra, porque evoluiu em relação aos comparsas, ocorre desconexão energética ou quebra de sintonia, gerando automaticamente desencontros no mundo astral ou falta de sintonia nos retornos encarnatórios, havendo reencontros físicos ou não. De modo que a parte que progrediu espiritualmente não sentirá atrações ou conexões mentais, ainda que possa ocorrer leve simpatia mútua no caso de reencontros.

Há, evidentemente, encontros pela primeira vez e depois reencontros de almas que trilham caminhos semelhantes, mesmo sendo provenientes de famílias monádicas ou espirituais diferentes. Nesses casos, pode surgir afeto mútuo que vai se expandindo até um dia essas almas sentirem amor fraternal uma pela outra, após alguns ou muitos reencontros de aprendizado e lapidação mútua. Um dia, então, acabarão se afastando para ir em busca de suas respectivas famílias espirituais mais próximas (a mesma dos tempos monádicos). Porém, chegará um tempo, já em nível evolutivo angelical e mais fortemente arcangelical, em que certamente se reencontrarão todas, até o instante cósmico da reintegração à Mente Divina.

Pergunta: E esses afastamentos futuros entre almas que se amam é algo importante, mesmo que as almas possam sentir certa tristeza pela distância do ser querido?

Nicanor – Não há tristeza ou dor para quem tem a mente expandida em nível cósmico. Quando existem elos de amor entre almas, eles perduram por todo o sempre, ainda que estejam a anos-luz de distância uma da outra. Elos de amor verdadeiros, profundos e desprovidos de paixões pegajosas e sofridas são inquebrantáveis, e a tendência é se tornarem cada vez mais libertos de amarras humanas. Como se sabe, o Universo é infinito e, como tal, existem infinitas almas para mútuos e novos encontros, a fim de se criar novos elos de amor fraternal. Na verdade, quando um ser alcança o nível angelical, ele está exercitando e aprendendo a amar gigantesca quantidade de almas, plantas, animais e planetas inteiros. E quando alcança o nível arcangelical, então estará cada vez mais expandindo essa capacidade de amor cósmico, até o momento em que se reintegrará ao Amor Divino Universal e amará a todos indiscriminadamente, neste Cosmo infinito.

Portanto, o amor verdadeiro é o fraternal. Ele é desapegado, livre, expandido cosmicamente e rico em doação incondicional. É doce, suave, delicado, mas também firme e decidido quando necessário, sem violência, e repleto de carinho cósmico.

Pergunta: E essas histórias de amor que vemos nos filmes, mas temos conhecimento de alguns raros casos que acontecem na vida real, de pessoas que se encontram e realmente demonstram existir paixão no início e depois esta não se dissolve totalmente e percebe-se ainda que a relação se apoia em bons propósitos e que ambos se sintonizam com um amor profundo, cumplicidade e entrelaçamento de almas, mesmo passando por dificuldades e conflitos eventuais?

Nicanor – Ao se olhar por um determinado prisma de análise, pensamentos, sentimentos, escolhas e ações com características negativas representam apenas etapas de fases evolutivas ainda primárias ou oscilantes entre o bem e o mal, que denotam ignorância ou aprisionamento da alma a vícios e desequilíbrios que vão se acumulando ao longo de várias vidas e vários séculos. Dessa maneira, estar em fases rudes ou viciosas no pensamento, sentimento e atitudes representam momentos cósmicos passageiros das almas, que um dia evoluirão e se tornarão anjos – obviamente, demandando milhares de anos, uns demorando mais que outros, mas o destino da Luz é incontornável, mesmo havendo vários caminhos para se chegar lá.

Voltamos a enfatizar, a paixão não é um sentimento negativo. É necessária para quem por ela ainda não passou em sua escalada evolutiva, ou seja, para quem tem seus sentimentos endurecidos pela rudeza das encarnações por que passou e pelo fato de ainda ser uma alma primária ou recém-nascida, com emoções adormecidas. Desse modo, representa apenas uma fase infantil do ser.

Quem já possui certo grau de inteligência, mas ainda sonha com a paixão de sua vida, que então possa vivenciá-la, pois talvez precise amadurecer mais e passar por situações de perdas, afastamentos, lágrimas e suor em lutas do dia a dia que a façam lapidar sonhos infantis. Ou, quem já mergulhou no mundo das paixões e amadureceu, se sentirá impulsionado por sua própria consciência a buscar relacionamentos mais maduros. E este amadurecimento pode passar por paixões numa fase inicial e depois se tornar paixão superior, com propósitos superiores. Tudo isso tem que ser vivido com alegria e senso de gratidão, mas consciente de que tudo passa, nada é para sempre, nem as relações, exceto o amor que persiste. E que seja um amor de características fraternais, desprovidas de amarras pegajosas e sofridas, um amor liberto e cósmico, pois há infinitas almas no Cosmo para serem amadas fraternalmente.

Pergunta – Pelo que o irmão coloca, dá a impressão de que somente lágrimas e suor são capazes de lapidar almas ainda presas a sonhos e vivências de paixões e amores idealizados como perfeitos ou como em contos de fadas; é assim?

Nicanor – O destino do ser é amadurecer e aprender a amar fraternalmente, saindo do seu nicho afetivo particular, familiar e de amigos e se expandir até um amor universal. Com isso, mais cedo ou mais tarde, será levado a aprender a vivenciar esse tipo de amor. Viver preso a amor a dois é apenas uma fase de aprendizado das almas para que elas, aos poucos, aprendam a sair do individualismo, do egoísmo e se doem gradativamente a outra pessoa. Por isso, muitos casais brigam e se desentendem, pois o egoísmo e o orgulho, endurecidos ainda, ao contato um com o outro se expõem ao atrito, necessário para a devida lapidação da "pedra bruta" que precisa se moldar ao encaixe do amor-perdão, amor-compreensão, amor-respeito ao outro, amor-incondicional.

Existem no mundo real algumas belas histórias de amor que envolvem paixão e depois avançam para estágios mais amadurecidos, com fidelidade, comprometimento sincero, partilha de suor e lágrimas, contudo ainda restritas ao círculo familiar, demonstrando forte grau de egoísmo e resistência ao contato com o amor fraternal extrafamiliar. Carmas e a própria bondade divina colocarão no caminho dessas pessoas situações que as levem a pensar que o amor não se limita aos dois ou aos filhos, ou aos familiares, e mesmo aos amigos e somente aos mais próximos (o que já representa um bom avanço).

Contudo, o amor não pode parar. Precisa ser cultivado em direção a todos, pois cada alma está sendo treinada para ser um futuro anjo criador de mundos e amorável servidor do Pai, que envolve a tudo e a todos com um amor imensurável. E claro, para se chegar a esse nível de amor expandido, é preciso ao longo da jornada humana o ser ir exercitando essa capacidade de amor menos egoísta, menos consanguíneo e mais em direção à família planetária e depois à família cósmica.

E como a evolução não é linear, conforme já mencionamos inúmeras vezes para melhor assimilação, é normal encontrar pessoas que já possuem certo nível de consciência espiritual, mas ainda se encontram presas a sonhos adolescentes de amores ideais, tendo em vista seus campos do sentimento estarem necessitando de maior amadurecimento. A relação a dois é um excelente treinamento das almas para aprenderem a amar maduramente. Quando a relação a dois aumenta e vêm os filhos, esse treinamento de expansão de amor está tomando contornos maiores, e então se torna essencial expandir-se o amor para toda a família consanguínea e para os mais próximos. Mas, que não se cesse essa expansão em direção ao amor fraternal da família planetária e cósmica, respectivamente.

Contudo, é importante a pessoa não querer ir além de suas possibilidades, pois quem ainda não tem amor suficiente dentro de si não pode desejar dar aquilo que não tem e que só virá com o tempo e o amadurecimento. Também é importante ter consciência do seu estágio evolutivo e vivê-lo com fidedignidade e humildade, com a consciência de que não pode parar sua evolução e que, passo a passo, seguirá em frente, trabalhando também o amor-próprio.

Às vezes, traumas, choques emocionais, decepções amorosas, doenças crônicas ou graves, perda de pessoas ou de bens materiais e outras variadas situações na vida podem levar um ser que já chegou ao ponto-chave de amadurecimento a abandonar seus sonhos adolescentes de paixões e amores ideais para uma nova forma de expressão do amor. Vide casos como de Madre Tereza de Calcutá, Irmã Dulce e outros, ou do cidadão anônimo que se decepcionou tantas vezes em relacionamentos e, ao invés de alimentar amarguras e fel no coração, resolve ajudar um orfanato, uma associação de caridade, uma escola, e assim por diante.

Isso não quer dizer que um casal ou uma família que vive em harmonia não possa fazer esses trabalhos. Aliás, é isso que se espera daqueles que vão amadurecendo espiritualmente, pois a evolução é dinâmica e multifacetada e não é necessário passar por decepções ou choques emocionais para a alma aprender a servir fraternalmente no campo social. E que esse servir não se restrinja ao material, mas alcance a alma do próximo.

Muitos casais e famílias evitam catástrofes, traumas ou choques e até alteram predisposições cármicas quando imprimem uma forma mais consciente e amorável de vida, saindo do egoísmo e orgulho fechado e lapidando estes nas relações comunitárias e sociais em que vão aprendendo a servir fraternalmente. Muitas vezes, no próprio exercício da profissão, é possível assumir-se uma postura mais responsável e com maiores impactos sociais positivos, minorando ou neutralizando carmas ou predisposições a choques e sofrimentos durante a jornada encarnatória.

Pergunta: A pessoa que se sente mal-amada ou não amada, solitária, amargurada por não se sentir querida, ou ainda infeliz no amor – seriam estas respostas cármicas a atos passados?

Nicanor - Normalmente sim. Mas, antes de tudo, são processos que a pessoa precisa aceitar sem revolta e que devem ser utilizados como oportunidades para o mergulho interior rumo ao autoconhecimento. Há momentos em que a criatura precisa estar só, consigo mesma, mas raramente aproveita esses momentos e às vezes passa uma vida inteira recusando esse presente do Universo. Alimenta revolta e reclamações e até agride o Universo que lhe ofertou nobre oportunidade de contato consigo, rumo a um maior amadurecimento interior, ao exercício da humildade e da doação ao próximo.

Pergunta: Essa situação se aplica ao caso daqueles que não encontraram sua alma complementar, ou aquela relação ideal ou pelo menos, próxima do ideal?

Nicanor – Qualquer que seja a oportunidade que o Universo oferece ao ser, mesmo um relacionamento longe do ideal, são momentos de aprendizado, de amadurecimento rumo à ampliação de sua capacidade de amar, de servir, de compreender, de trocar. Nada se perde no Universo, e qualquer que seja a oportunidade vivida, mesmo aquelas decorrentes de escolhas equivocadas, não deve ser perdida, pois qualquer caminho nas trilhas cósmicas e nos mundos dos encarnados propiciará oportunidades de crescimento. O exercício da resiliência deve ser trabalhado a cada minuto da vida, estando o ser encarnado ou desencarnado.

O Universo é ambiente propício ao otimismo, à adaptação e à resposta construtiva no pensar, sentir e agir. Se a criatura não é perfeita (perfeito somente Deus), não haverá relacionamento perfeito. E, quanto mais desajustado for o ser ou os seres em relacionamento, mais desajustes haverá na convivência e mais oportunidades de ajustamentos ocorrerão. Então, que estas possam ser aproveitadas de forma construtiva, e que ambos possam crescer. Aquele que amplia seu círculo de seres amados, a começar pelos que não fazem parte de sua família espiritual original ou do círculo de antigos entes queridos, estará caminhando com êxito em direção ao futuro anjo, o qual ama incondicionalmente a todos.

Por outro lado, se apenas uma parte do casal tiver o amadurecimento suficiente para o exercício da resiliência, então que ele assuma essa responsabilidade, pois certamente é o que possui mais capacidade interior para tal, e com toda certeza estará recebendo essa dádiva de servir em dobro, com positivas oportunidades para a expansão de sua consciência e de sua capacidade de amar (estando encarnado, aquele que fizer isso terá grandes impactos positivos no balanço cármico e no processo de evolução íntima).

Pergunta: Já ouvimos dizer que o verdadeiro amor é aquele entre pais e filhos, porque representa uma amostra comparativa (claro, no seu devido lugar e dimensão) do que seria o amor de Deus para com Seus filhos. Seria isso mesmo?

Nicanor – O amor vivenciado por pais que assumam o seu verdadeiro papel de tutores, educadores e doadores de carinho, atenção, respeito à individualidade e amor incondicional aos filhos, dentro dessa completude, ainda é raro na Terra. Há os pais, ou ainda, somente a mãe ou o pai, que assume de fato o seu papel, mesmo que incompleto. Há aqueles que assumem o papel de tutores e educadores, em razão do grau de responsabilidade em relação aos compromissos cármicos assumidos antes do reencarne (e, às vezes, essa responsabilidade decorre ou se reforça a partir de pressão social e legal do ambiente onde vivem, porque sabem que precisam estar atentos à educação dos filhos). A aceitação deste último papel não deixa de ser uma forma de amor, e de grandíssima importância, mas ainda falta o lado da doçura e do afeto. Há aqueles pais que, pressionados por medo de errar e culpa do passado, assumem um papel de doadores de carinho sufocante aos filhos, e esquecem de dar educação e orientação ética, propiciando a geração de crianças mimadas, quase sempre que não respeitam os limites e que certamente serão adultos com alto grau de imaturidade e não preparados para enfrentar frustrações, quando não descambam para o lado dos vícios, violência e/ou desvios de personalidade.

Sem dúvida, existem aqueles pais que se esforçam, em que pese suas limitações mentais e de sentimento, para dar o que podem aos seus filhos, seja de carinho, atenção, seja de educação no campo familiar, no plano da cidadania e na área espiritual. De qualquer modo, o papel dos pais expressa a oportunidade dessas almas exercitarem a vivência e doação de um amor tendo em vista o futuro anjo e arcanjo, ainda que cada ser esteja dando aquilo proporcional ao seu grau evolutivo, com muitas ou poucas imperfeições. Representam momentos de verdadeiro treinamento no sentido de aprenderem a servir incondicionalmente e com puro amor, sem jamais perder a lucidez, o discernimento quanto à necessidade de respeito às leis, sejam humanas ou espirituais, e, portanto, de se construir bases éticas em suas almas e na de seus filhos.

O papel dos pais, de fato e guardadas as devidas proporções, seria similar ao de Deus em relação aos seus filhos, e Deus incorporado das suas três naturezas de expressão. Pode-se até recorrer à alegoria do pai representando o lado da *razão*, a mãe o do *sentimento* e o filho o da absorção da *educação e o amor* recebidos, transformando-os em aprendizado no campo prático de sua vida: Brahma, Vishnu e Shiva, ou Pai, Espírito Santo e Filho – lado esquerdo, direito e central do cérebro, enquanto mecanismo fisiológico de manifestação da alma.

A oportunidade que Deus proporciona às almas de exercerem o papel dos pais é de extrema nobreza e poderia ser muito mais aproveitada pelos terráqueos. Infelizmente, na Terra, ainda há muitos pais que não assumem seus filhos como seres necessitados de atenção, carinho e educação, até porque são seres ainda brutos ou limitados em evolução, sem condições de dar aquilo de que os filhos necessitam, chegando ao ponto de rejeitar esse papel, fazendo inclusive barbaridades.

De qualquer modo, mesmo para essas almas, essa oportunidade gerará marcas profundas em seus sentimentos e consciências, e uns se dobrarão mais cedo e outros mais tarde diante da Lei. Um dia terão seu orgulho e egoísmo mais suscetíveis à penetração da Luz do Pai Celestial, e se deixarão banhar por gotas de humildade e capacidade de servir ao próximo. É claro que, no caso de reencontro de almas inimigas do passado – e isso é o mais comum nos planetas de provações como na Terra –, o desafio é maior, mas ao mesmo tempo gera verdadeiros milagres transformadores pelo amor: perdão, compaixão e carinho.

Quando nos referimos anteriormente que o verdadeiro amor é o fraternal, é porque esse conceito, numa perspectiva cósmica, integra as características, também, do que seria o amor entre pais e filhos. E, obedecido cada avanço espiritual e as limitações individuais, todas as formas de exercício de amor são válidas e fazem parte do treinamento da alma para aprender a amar de forma mais madura e sintonizada com o amor cósmico.

Pergunta: E o amor de pais para com os filhos pode estar preso por paixão inferior?

Nicanor – O amor é relativo, assim como tudo o que evolui no Universo rumo ao infinito e em amplitude cósmica. O amor dado aos filhos será proporcional ao grau evolutivo de cada um. Hoje na Terra isso é muito visível e presente. Há pais que transferem para os filhos a paixão inferior inerente aos seus impulsos e ansiedades. Assim, podem gerar apegos doentios, pressão psicológica, busca de domínio sobre o outro face ao impulso egoístico em que estão mergulhados em seu mundo interior, levando-os a se tornarem obsessivos, ainda mais quando estão carregados subconscientemente por medos e culpas do passado – situações que envolvem inimigos do passado ou pessoas com débitos ou cobranças do passado encarnatório.

Pode ainda haver traumas da alma que no passado se recusou a exercer o papel de pai ou mãe amorável e educador/a, e então na encarnação presente embarca num processo de obsessão inconsciente, impulsiva e imatura sobre os filhos, gerando pressões incessantes, podendo prejudicar a educação e o caráter deles, ou no mínimo gerando traumas psicológicos. Junta-se a isso, casos de pais frustrados em suas vidas que tentam transferir para os filhos certas carências por meio de cobranças e ideais projetados sobre eles.

Há pais que, no passado, foram cônjuges ou amantes dos filhos e que na presente vida mantém uma relação de paixão inconsciente, só que sob o manto da paternidade ou da maternidade. E então, tentam controlar e jogar todo o impulso egoístico sobre o filho, gerando pressão psicológica de dominação, com paixão doentia sob o véu da obsessão, que pode continuar mesmo depois do desencarne.

Na verdade, a bondade e sabedoria divinas proporcionaram esses encarnes de relações paternais e maternais, exatamente para que houvesse a transformação da paixão inferior, doentia, sufocante e pegajosa do passado, em amor paternal ou maternal-filial e de modo mais desapegado, respeitando-se individualidades e compreendendo que ninguém é dono de ninguém e que cada um deve seguir seu caminho com os próprios pés, ainda que em muitas situações receba colaboração, orientação ética, suporte material e afetivo, necessários ao bom desenvolvimento da personalidade e do ser. À medida que o ser evolui, a tendência do amor é sair de bases instintivas e apaixonantes para formas cada vez mais maduras, conforme já foi exposto aqui.

Pergunta – E quando se diz no meio espiritual que é importante o adulto brincar e ser espontâneo como as crianças, e até relembrando uma passagem de Jesus que afirma "aquele que não se tornar como as crianças..."?

Nicanor – A exortação de Jesus se refere à pureza de coração. E, sem dúvida, amadurecer em sentimento e intelecto não significa deixar de brincar, de ser alegre e espontâneo. Expor seus sentimentos é importante para se libertar de traumas, nódulos emocionais e sentir-se mais leve na intimidade. Todavia, quando as situações da vida exigem serenidade, firmeza, enfrentamento de problemas com responsabilidade e ética, então é o momento de ser adulto e manifestar-se. O ser humano, à medida que evolui, vai se tornando mais flexível, mais dinâmico mental-emocionalmente, deixando de lado certos preconceitos, ficando cada vez menos soturno e abrindo o sorriso com mais frequência, soltando a alegria, pois evoluir é antes de tudo expressão de alegria pela existência do espírito, pelas oportunidades reencarnatórias, pelos problemas e desafios a enfrentar diariamente, necessários para a lapidação do egoísmo, do orgulho e da vaidade.

É bastante comum e natural no Brasil, por exemplo, ver crianças que se conhecem pela primeira vez numa festinha de aniversário, num encontro casual na praia ou no clube, e logo se comunicam, brincam e até iniciam uma amizade espontaneamente. Mas depois que crescem, tornam-se fechadas ao intercâmbio fraterno, param de sorrir, de brincar, sob o argumento de que a vida exige seriedade para o enfrentamento de suas vicissitudes, salvo raras exceções. Na verdade, enfrentar com seriedade, responsabilidade e ética a vida não anula a possibilidade de sorrir, de se ter bom humor e brincar, evidentemente no momento devido. Na maior parte das vezes, ser soturno pode denotar que a pessoa esconde no seu íntimo (e às vezes pode nem ter consciência disso) revolta com a vida porque ela não lhe satisfaz os desejos, anseios e sonhos, o que reflete, portanto, orgulho, arrogância e egoísmo guardados nos subterrâneos da alma.

A vida (e leia-se, a bondade divina) oferece diariamente aquilo de que as criaturas necessitam para se lapidarem como espírito. Quem ainda se encontra no nível evolutivo que necessite encarnar em planetas de expiação e provas ou mesmo em orbes já na fase de regeneração, está sujeito a testes e provas, sem o que não teria como ser avaliado, não no sentido de ser julgado por Deus ou pelo plano espiritual, porém por si mesmo, por sua própria consciência, como exercício de autoavaliação e autoajustamento interior.

Pergunta – Não seria um contrassenso se ter provações num planeta já em regeneração?

Nicanor – As provas e a forma de lidar com elas têm, na sua base consciencial e comportamental, diferentes e renovadas posturas. Num planeta de expiação, as criaturas vão sendo lapidadas pela Lei do Carma e pelo sofrimento que surge nos processos de resgate. Normalmente, demora muito para aprenderem, e somente após muito sofrimento, traumas e reflexões elas atingem certo grau de maturidade que lhes permite viver num ambiente sem selvageria, sem competição e não estando rodeado por todas as formas de expressão de orgulho, vaidade, egoísmo e descontroles de instintos.

Num planeta de regeneração, o ser ainda tem muito o que aprender para se transformar. Na verdade, será um ambiente onde a grande massa populacional encarnada e desencarnada estará imbuída do propósito de se autoconhecer e se autotransformar. E então se iniciará uma longa jornada de trabalhos íntimos para lidar e modificar certas formas viciadas e condicionadas de pensamentos, sentimentos e comportamentos. Portanto, o ser estará ainda carregado de defeitos a serem lapidados pela Lei do Carma, pois esta Lei não deixa de agir sobre as almas. O ambiente de regeneração também atua baseado em estruturas de educação espiritual que serão implantadas em todas as instituições sociais (de ensino, saúde, no lar, no trabalho, nas associações e no convívio nas ruas).

Os testes e provas existirão em função da própria imperfeição que habita o mundo interior de cada um, e a ambiência estruturada em outro padrão de vida espiritual permitirá que a alma vá se educando e recebendo ajuda providencial para ir se ajustando de forma crescentemente construtiva.

Pergunta – Alhures, o irmão já mencionou que o instinto é uma forma primária de amor. Como promover a lapidação dos instintos sem recusar, por exemplo, a necessidade de se ligar afetivamente a alguém e gerar uma nova família, com filhos, e assim permitir a continuidade de reencarnações e da espécie humana? Havemos de convir que, para se gerar filhos, haverá necessidade de se deixar dobrar aos instintos, e nem sempre a procriação ocorre com facilidade...

Nicanor – A prática sexual é importante para se dar continuidade à raça humana, a qual necessita de almas encarnantes que precisam se lapidar; isso faz parte da vida e da evolução. Quando o ser humano encarna em mundos densos, como este, mesmo num planeta de regeneração, estará necessitando encontrar equilíbrio entre corpo, sentimento, mente e seus propósitos espirituais superiores. Será sempre um desafio educativo para o ser buscar o encaixe e o ajustamento entre todos os corpos, do mais denso ao mais sutil. Essa busca deveria ser motivo de alegria, pois permitirá exercícios de amadurecimento da alma, que precisa, quando encarnada, aceitar de bom grado o desafio da vida que lhe foi oferecida pelo Criador.

Quem vive no mundo denso da matéria, não pode negar o instinto que está impresso nas células, que traz memórias biológicas milenares, desde os tempos do reino animal. Ao mesmo tempo, o ser tem o papel de educação desses impulsos, o que não significa negação, nem fuga, nem postura selvagem de se deixar dominar pelos instintos de forma irracional.

O encontro de almas para se educarem numa relação a dois envolve também o encontro no campo sexual como intercâmbio de almas, de energias, de oportunidades de afeto e aprendizado mútuo.

Pergunta – Como saber que se chegou no ponto de equilíbrio entre o material e o espiritual que nos habita individualmente?

Nicanor – A busca do equilíbrio somente cada alma será capaz de sentir e perceber. E caberá a cada um fazer seu esforço, sua meditação, seu diálogo íntimo com mazelas, instintos e com as partes mais avançadas que habitam a própria intimidade. A Espiritualidade ajuda, apoia, estende as mãos amoráveis ao caminheiro, sempre que necessitar de auxílio, porém jamais alimentará a preguiça e a acomodação. E sabe que, para progredir, a alma necessitará fazer a sua parte, que é intransferível.

Às vezes, precisamos repetir alguns pontos como estratégia pedagógica de fixação da informação, e aos que se encontram principalmente em fases primárias e intermediárias de evolução, mesmo para alguns que já chegaram a níveis mais avançados no aprendizado espiritual, nunca será demais repetir certas lições. Ainda assim, muitas almas depois que encarnam estão sujeitas a tropeçar em mazelas que acreditavam tivessem sido vencidas ou transformadas totalmente.

Que cada criatura possa encontrar o amor divino expresso em cada forma de expressão da vida, que possa agradecer a Deus, diariamente, pelas oportunidades de lapidação espiritual que surgem no caminho a cada minuto da vida, e que possa cultivar a alegria por estar no caminho, bem como a disposição em prosseguir em sua jornada, mesmo cheia de imperfeições, mas fazendo sua autoavaliação e disposta a melhorar-se um pouco a cada dia.

Pergunta: Como podemos ver o amor divino expresso em todas as manifestações da vida?

Nicanor – Aprimorando o sentimento e o pensamento. Assim, e apoiado na ética e na fraternidade cósmica, o ser caminhará em direção à melhoria da percepção mental e da sensibilidade com relação ao que o rodeia, desde o simples verme que rasteja, ao Sol que brilha diariamente gerando todos os tipos de vida, sem perguntar nada, apenas servindo com amor incondicional; desde uma importante obra do ser humano (que é feito à semelhança de Deus) ao invisível aos olhos físicos, mas tão real quanto a mais densa expressão divina.

Em tudo onde se percebe ou se recebe a luz solar ali haverá alguma amostra ou expressão de amor divino, inclusive nos subterrâneos da Terra, pois lá chegam neutrinos e outras influências solares no campo energético subatômico, ainda que não captáveis por aparelhos humanos. Observai as estrelas, os astros, a criança ao vosso lado, o animal que passa, ou qualquer manifestação da natureza, em cada átomo que compõe os minerais, os vegetais, animais e seres humanos. Pois Deus está presente em tudo isso, com Sua inteligência magnânima dinamizando-Se em nível macro ou microscópico. Deus está presente nas atitudes de amor para com o próximo, nos sentimentos verdadeiros e imanentes nas relações afetivas, e mesmo em todos aqueles ainda imperfeitos, mas que caminham rumo à Luz Central da vida.

Pergunta: Entendendo ser um tema bastante recorrente desde tempos antigos, e mais que nunca nos dias atuais, gostaríamos de ouvir o comentário do irmão no que tange ao fato de que a busca incessante por um(a) parceiro(a) tem levado vários países a criarem nas redes sociais da internet espaços para encontros e namoros; inclusive há, em alguns países, até agências para casamentos.

Nicanor – A Terra, como orbe de provações, possui um verdadeiro mosaico de almas de todos os níveis evolutivos, oriundos de várias localidades do Cosmo, todos em aprendizado. E, nesse bojo, há uma grande massa que oscila entre faixas primárias e intermediárias de evolução, que de certo modo se sintoniza com o que ocorre quando essas almas desencarnam, isto é, a maioria oscila entre o Umbral e o Astral intermediário, tendo ainda um grupo significativo que é atraído para zonas infernais e outro menor ainda que sobe para o Astral superior; raríssimos seguindo para o plano mental-intelectual.

Essa realidade, então, predispõe à vivência no mundo da matéria de um grande número de almas carentes no campo emocional. São pessoas que anseiam por encontrar o amor de suas vidas, uma relação ideal, sem problemas ou conflitos (mesmo carregados de orgulho e egoísmo no coração ou presos emocionalmente à infância ou adolescência). São pessoas que acreditam estar num mundo de contos de fadas, como os apresentados em romances e filmes.

Acabam por sofrer de desencontros de almas afins, de almas que compõem a mesma família espiritual desde os tempos monádicos, apesar de buscarem a todo custo esse encontro ansiado, e às vezes até se constituindo numa busca impulsiva, inconsciente e inconsequente. Alguns desesperados procuram uma vidente ou aquele trabalho espiritual mais grosseiro para fazer "amarrações" ou buscas obsessivas por certos parceiros. Às vezes se apegam a trabalhos que se utilizam de matança de animais ou oferendas, como se fazia na Atlântida, nos tempos antigos ou medievais, gerando novos carmas e longas relações de compromissos com entidades das sombras e até com os ingênuos elementais.

Assim, desencontros de certas pessoas ocorrem por decorrência do padrão mental negativista que podem estar alimentando consciente ou inconscientemente. Há muitos casos de pessoas que se boicotam por processos de culpa e autoflagelação plantados no subconsciente, face a situações passadas em outras vidas ou mesmo na vida em curso. É como se a pessoa tivesse fixado um lema em nível subconsciente de que não pode ser feliz. E não acredita que pode ser feliz vivendo com uma pessoa diferente de si, ou em estágio evolutivo diferente, ou mesmo a alma não adota uma postura resiliente diante das atribulações e desafios da vida. Há casos ainda de questões cármicas envolvidas, pelo fato de terem sido bastante egoístas e precisarem colher o que plantaram, e assim precisariam alimentar a resignação íntima, a ausência de revolta no coração e a disposição em crescer com o enfrentamento de problemas e obstáculos.

Há outros casos de pessoas, considerando o momento evolutivo em que se encontram, e mesmo não envolvendo questões cármicas, que vivenciam situações que necessitam enfrentar, de modo a dissolverem um pouco do orgulho e do egoísmo habitantes em sua intimidade, de forma tão resistente. Assim, precisam aprender a viver sozinhas, como oportunidade para que aprendam a se autoconhecer, como passo inicial do processo de autotransformação e de amar a si mesmas.

Existem ainda situações em que a pessoa alimenta certos desejos e anseios mais densos e emocionais e, ao mesmo tempo, sua mente idealiza encontrar um tipo de pessoa diferente, com vibrações mais elevadas no seu caminho. E então, em face desse descompasso entre mente e coração, apesar dos seus ideais superiores, a emanação de vibrações oriundas dos desejos e anseios acaba se tornando mais forte no campo denso da matéria, atraindo almas mais sintonizadas com os desejos inferiores do que com os ideais superiores.

Como consequência, caso não haja esforços de evolução das almas que se encontraram, advirão conflitos, dificuldades, e as vicissitudes da vida atraídas pelas mazelas íntimas de ambas as almas, as quais acabam gerando um ambiente tenso e demandando continuamente a abertura da mente para horizontes maiores de pensamento e do coração para o amor verdadeiro, pois a paixão (que foi o fator de atração inicial) em algum instante desaparecerá ou arrefecerá.

Quem se encontra oscilando nessas faixas vibratórias entre ideais superiores e anseios ou desejos primários, ou mais fortemente dentro desses últimos, está imerso no mundo dos sonhos das paixões e forças emocionais, que são expressões ainda primárias ou impulsivas do sentimento. O ser humano encarna para amadurecer, e a vida no mundo denso da matéria tem um papel extremamente importante nesse processo de lapidação das almas que se encontram atreladas aos planos físico e astral.

É parte do processo de amadurecimento passar por estágios primários e intermediários de evolução para que se chegue ao nível superior, e viver as paixões ou busca por elas será parte inerente à caminhada evolutiva do ser. Os tropeços, quedas, atritos e todos os enfrentamentos de mazelas oriundos do mundo íntimo de cada alma, ao contato com o outro, serão oportunidades para lapidações mútuas. Quem conseguir cultivar mais amor-respeito, amor-perdão, amor-compreensão, amor-compaixão, amor-doação, amor-compartilhamento e amor-renúncia, certamente avançará mais rumo à Luz Maior. E, ao conhecer com mais consciência e sensibilidade essa Luz Maior, descobrirá o verdadeiro amor e o multiplicará em direção ao Universo.

A maioria das pessoas ainda perde muito tempo procurando a felicidade em outra pessoa e se esquece de achá-la dentro de si mesma. Um parceiro ou parceira, sem dúvida, para os que se encontram no início ou no meio do caminho rumo à angelitude, é parte do processo de amadurecimento íntimo da alma. Os atritos e conflitos, os momentos em que orgulho, vaidade e egoísmo são expostos ao contato interpessoal, são ótimas oportunidades para se identificar o "joio no meio do trigal" e cultivar a humildade, a reflexão, o perdão, a compreensão, o entendimento, a paz e o caminho da transformação de mazelas em virtudes, mesmo sendo um processo de crescimento lento, passo a passo, mesmo a relação tendo momentos de tropeços, quedas, dores e reerguimentos, pois certamente, após esses momentos catárticos, de avaliação e de acertos de rotas e posturas, o casal crescerá e amadurecerá.

O que se leva de uma relação a dois são os bons sentimentos conquistados, são perdões efetivados no fundo da alma, são ampliações da mente para horizontes existenciais mais largos e universais, são momentos de dores e alegrias vivenciados juntos, são momentos em que um estendeu as mãos para erguer o outro, são todos os aprendizados adquiridos ao longo da vida, que drenaram psiques antes carregadas de mais orgulho, vaidades e egoísmo.

De qualquer modo, o ser não pode esquecer que veio sozinho para o mundo e dele sozinho sairá. Portanto, a caminhada evolutiva, apesar de momentos de compartilhamento com outra(s) pessoa(s), será sempre individual, cabendo a cada célula monádica um dia tornar-se um ser puro, de mente e amor com dimensões cósmicas. E cada um deve fazer por si a sua parte, e Deus e Seus servidores abnegados e amoráveis farão a parte deles. Amigos e parceiros ao longo da jornada serão como células suplementares de auxílio, em alguns instantes da caminhada, que ajudarão a alma a amadurecer em direção ao amor fraterno-universal, estimulando-a a perceber suas mazelas e a cultivar o serviço incondicional no lugar do egoísmo e humildade no lugar do orgulho.

Pergunta: Não é fácil encontrar o ponto de equilíbrio entre dedicar o tempo no mergulho interior e na autotransformação e, ao mesmo tempo, vivenciar o mundo exterior, inclusive relacionamentos que ajudam na lapidação das próprias mazelas. Como disse o irmão, viemos sós para o mundo e sairemos dele sós, o que implica nos concentrarmos em nosso processo individual de evolução, mas a vida a dois, em família e comunitária faz parte da vida e da evolução...

Nicanor – Cada ser humano deve encontrar o seu ponto de equilíbrio entre o mundo interior e exterior, o seu tempo, o seu processo. Deve, para isso, realizar os seus mergulhos meditativos, experimentar o silêncio que preexiste nas profundezas de sua alma. Vivenciar o momento da prece e de religamento de si para com o Pai Celestial. Deve sentir a sintonia com o seu guia espiritual. Passar por momentos de autorreflexão, autoanálise, exercitando o diálogo consigo mesmo e acessando as mazelas ou imperfeições, bem como conhecer as conquistas positivas já obtidas graças ao esforço íntimo e que habitam o seu universo interior.

O ser não pode esquecer-se de encontrar momentos de interação também com o mundo exterior a si. Se a vida de um encarnado, pelos padrões temporais terrenos, possui 24 horas por dia, um terço seria de descanso e os outros dois terços divididos entre momentos de recolhimento e de interação com o mundo.

O ser é por natureza gregário, tem impulsos e papel social na família ou nos grupos a que esteja ligado em sua cidade e no planeta. Todavia, tem sua individualidade, que demanda momentos de alimentação à sua individuação, que é o que o faz diferente do outro, com suas idiossincrasias.

Essa divisão de tempo, obviamente, vai variar conforme cada caso, a necessidade de cada um, fatores cármicos e oportunidades de cada ser, não existindo regra ou padrão geral para todos. Há pessoas que precisarão de mais tempo de recolhimento e outras de mais interação com o mundo externo. Contudo, é importante que se encontre tempo para tudo, pois o ser não pode viver isolado da vida familiar e da sociedade em que está inserido, do país, do planeta e do Cosmo, e não pode esquecer dos seus momentos individuais de introspecção.

Chegará um tempo no planeta Terra, e isso já pode ser vivenciado desde agora por quem tem uma sensibilidade e percepção mais aguçada, em que a vida espiritual estará impregnada no cotidiano, no lar, na escola, na profissão e na vida comunitária, não precisando se separar momentos comuns de momentos espirituais, pois em tudo se estará dando um sentido de progresso espiritual, de evolução, de expansão do amor e da consciência. Contudo, mesmo nessa ambiência, é importante se dedicar algum momento de recolhimento de si para si e de si para com Deus que habita a própria intimidade.

A maioria das pessoas ainda perde muito tempo procurando a felicidade em outra pessoa e esquece de achá-la dentro de si, conforme já ressaltamos. A interação fraternal com os que passam no caminho, sem dúvida, faz parte da caminhada evolutiva e de expansão da consciência e do amor. Uma relação a dois ou familiar consanguínea deve ser compreendida como passageira (e deve ser ao máximo aproveitada como momento para se vivenciar o amor, a paz, a harmonia, e como valiosa etapa de um longo processo educativo da alma), pois a vida continua se expandindo e as relações tendem cada vez mais a se tornar crescentemente expandidas, mais planetárias e mais cósmicas.

A vida a dois deveria ser entendida como fator suplementar da alma, em que ambos os membros da relação estão conscientes de que cada ser é uma individualidade e que tem natureza e aspectos próprios que devem ser respeitados. A Terra ainda vive momentos de muita obsessão quanto às relações, de apegos doentios, de sofrimentos decorrentes desses apegos, o que reflete domínio ou tentativa de domínio de uma criatura sobre a outra. E dominação é reflexo de atitude arrogante e egoísta, de invasão no mundo íntimo do outro. Intercâmbios são partes de aprendizados mútuos e não momentos de escravização.

É evidente que existem momentos de compartilhamento de corpos e almas, mas são momentos pontuais, pois não se pode viver o tempo todo imerso numa relação obsessiva e de dependência mútua ou de aprisionamento por uma das partes. Quando uma relação atinge grau de dependência emocional e material, chegou a um nível patológico, exceto em situações cármicas, quando um precisa cuidar do outro por se encontrar enfermo da mente ou do corpo.

Se, por alguma situação, uma das partes relacionais precisa partir, que assim seja! Que essa decisão seja respeitada e que cada qual assuma conscientemente suas responsabilidades cármicas por estar fugindo de suas obrigações. Mas há partidas resultantes não mais de compromissos cármicos, ou é possível que esses compromissos cármicos nunca tenham existido na relação.

Há ainda os casos naturais de partidas por morte física, por viagem definitiva para outro lugar, por separação conjugal porque ambos chegaram à conclusão de que não dá mais para continuar em harmonia. Seja porque ambos chegaram à conclusão de que já aprenderam o que tinham de aprender um com o outro e se esgotaram as energias de afeto, compartilhamento e intercâmbio construtivo, ou mesmo por haver chegado ao limite do suportável por parte de ambos ou de um, inclusive com clima de violência descontrolada. E, certamente, se há litígio numa relação cármica, haverá novas encarnações com reencontros, não necessariamente como marido e mulher.

Pergunta: Em que momento, na escalada evolutiva, a razão se funde ao amor, dentro de uma alma?

Nicanor – A evolução é infinita e, portanto, a expansão do amor universal é igualmente infinita dentro de cada ser, mesmo quando este está em plena sintonia com o Pai Celestial. Junto com essa expansão do amor ocorre também a expansão da consciência, a qual vai se tornando mais e mais em amplitude cósmica. Entretanto, quando o ser alcança o plano evolutivo angelical (nível búdico), ele se situa num grau de fusão razão-amor bastante sincronizado que, aos olhos de um ser humano, seria o ponto de fusão completa. Contudo, aos olhos de um anjo, pelo nível de sutilidade e percepção em que se encontra, percebe-se ainda muito a avançar – rumo à infinita integração. E, apesar de um anjo e mesmo um arcanjo estarem num evoluidíssimo grau de integração cósmica razão-amor, sempre haverá uma leve, sutil e nanoporção de predominância de um ou outro aspecto desses que é o que dará a diferença de potencial energético dentro de um ou outro raio de atuação no Universo.

No estágio de evolução humana, quando o ser alcança o plano intuitivo ou mental superior, já terá avançado muito em termos de integração razão-amor. Estes são espíritos superiores, semianjos, que já passaram por inúmeras experiências de vida, centenas e milhares de encarnações, amadureceram, alcançaram determinado grau de consciência clara de onde estão na trilha evolutiva e do que precisam melhorar, em termos de expansão consciencial e de ajustamento desta com a capacidade de amar incondicionalmente em âmbito cósmico.

Há seres que, ao chegarem ao plano mental inferior ou intelectual, já possuem um bom grau de sincronicidade entre razão e amor dentro de si, mas necessitam de maior expansão desses componentes. Há casos em que a expansão maior será do amor, para que se chegue a um melhor equilíbrio de ambas as forças interiores; há casos em que a expansão maior deverá ocorrer no campo da razão ou consciência.

Pergunta – Duas almas de uma mesma família espiritual, partindo desde sua origem monádica, podem se en-

contrar ao longo das jornadas encarnatórias como casal ou será apenas como membros de uma família, tipo pai ou mãe e filho?

Nicanor – Sim, certamente se encontrarão como casal, mas também como membros de uma família consanguínea, como amigos, colegas, e assim sucessivamente. Podem ocorrer até situações em que criem inimizade numa determinada encarnação, em estágio primário de evolução, por disputas, por exemplo, apesar de ser muito raro.

Faz parte do aprendizado de expansão da capacidade de amar fraternalmente uma relação a dois. Ela, por sinal, existe exatamente para as pessoas aprenderem a se doar. Por isso, conflitos decorrentes de relações egoísticas e orgulhosas, com cobranças descabidas e invasão da natureza do outro, são relações patológicas, longe do ideal. Certamente, almas que se encontram nesse estágio ainda encarnarão muitas e muitas vezes, padecerão, criarão carmas, terão muitos momentos de dores e alguns de alegria. Viverão uma encarnação sozinhas, para aprender a valorizar a relação partilhada, mas terão também oportunidades de vida a dois para aprender a trocar um com o outro, a buscar o diálogo construtivo, o intercâmbio construtivo de energias sexuais, de energias de afeto, de expansão do intelecto, de amadurecimento interior.

É comum almas de uma mesma origem monádica-familiar se encontrarem em suas jornadas encarnatórias e, ao se verem pela primeira vez, sentirão um apelo íntimo especial. Umas podem se perder da outra ao longo das trilhas encarnatórias e será parte do amadurecimento se afastarem para aprender a caminhar sozinhas. Podem criar laços afetivos do tipo homem-mulher, todavia em algum momento da jornada evolutiva terão a oportunidade de vir como pais e filhos ou irmãos, ou amigos, pois, no final da jornada, o ideal de alcance será o amor fraterno, e este perdurará por todo o sempre. Os seres angelicais já não sentem mais atração do tipo homem--mulher; viveram isso nos tempos em que encarnavam como seres humanos. O amor e consciência que deles emanam são de caráter fraterno-universal e vão em direção a todos os seres de uma nação, de um planeta, de um sistema solar, e assim por diante.

Assim, as relações de casal entre pessoas, desde suas fases mais primárias, têm o intuito de treinar o ser para aprender a amar fraternalmente.

Pergunta: Poderíamos afirmar que a convivência entre irmãos consanguíneos teria um papel mais enfático em termos desse treinamento do ser ao aprendizado da fraternidade?

Nicanor – As relações de irmãos consanguíneos são um excelente campo de aprendizado da fraternidade, e principalmente quando, entre esses irmãos, existe inimizade do passado, exigindo resgate cármico e abrindo oportunidade para ambos aprenderem a perdoar, a compreender, a ter compaixão, a servir e a amar verdadeiramente. Mas a relação a dois tende a ser mais profunda e por isso exige, na maioria das vezes, uma maior capacidade de doação. Quando surgem os filhos, então os pais são naturalmente levados a viver certas situações para expandir sua capacidade de servir incondicionalmente – ainda que muitos humanos resistam ao influxo de expansão desse amor paternal e maternal. Esse tipo de amor é uma amostra comparativa (ainda que em grau relativo e infinitamente menor) do amor de Deus a Seus filhos. Pais e mães recebem a oportunidade de cultivar o amor-doação incondicional a todo instante. É o treinamento do futuro anjo.

Capítulo 3
Um caso real de encontro, desencontro e futuro reencontro
NICANOR

Pergunta: Poder-nos-ia relatar alguma história encarnatória envolvendo encontros, desencontros e reencontros de almas de uma mesma família espiritual?

Nicanor – Maria Augusta e Rafael são um casal que tem sua origem no mesmo conjunto molecular-monádico. Ela, já bem idosa, ainda permanece encarnada no Brasil. Ele já desencarnou. Tiveram um primeiro encontro no reino humano ainda quando se encontravam nas primeiras fases encarnatórias humanas, similares ao período do *homosapiens* terreno, mas em um planeta fora do Sistema Solar. Nessa determinada encarnação, ajudaram-se mutuamente, compartilharam suas experiências e curiosidades, em que pese estarem numa fase inicial do despertar de suas inteligências humanas.

Considerando o fato de serem almas neófitas no reino humano, suas experiências ficaram atreladas essencialmente à busca do alimento de cada dia, por meio da caça e da coleta de frutos na natureza, na criação e proteção da prole, na busca de abrigo em cavernas, juntamente com outros agrupamentos familiares que formavam uma comunidade muito primitiva que se defendia de ataques de outros grupos humanos (por disputa de território com mais abundância de caça) e de animais selvagens. Assim, viviam um estágio basicamente instintivo de vida. Ele desencarnou com 28 anos e ela com 32, ambos deixando oito filhos em fase infantil e adolescente, os quais seguiram seus rumos naquele mesmo estilo de sobrevivência.

O casal se reencontrou muito tempo depois na Terra, na velha Atlântida, numa encarnação em que ela sinalizava um avanço relativamente considerável em relação a ele. Ela era mais sensível, mais ligada à família, apesar de que a forma de expressão de sua natureza interior ainda se mostrava bastante orgulhosa e egoísta, com certos impulsos de violência; todavia em graus menores, se comparados com o estágio evolutivo dele.

O encontro de ambos foi igualmente para formar família. O instinto aguçado e a curiosidade por descobrir novas experiências levaram os dois a se traírem por diversas vezes, buscando outras relações paralelas durante o período de convivência, o que gerou atritos enormes e deu início a um período de mágoas e ódio de ambas as partes. Tiveram outras tantas encarnações nos dois períodos atlantes, mas sem reencontros. Voltaram a se reencontrar na velha Babilônia, quando ambos, já possuindo suas famílias, realizavam encontros às escondidas como amantes, pois a atração entre eles era bastante intensa, dada a polaridade energético-essencial que traziam em sua intimidade, desde os tempos monádicos.

Nas várias encarnações que vieram depois, não se reencontraram, voltando a um novo encontro no final da Idade Média, na Alemanha. Ela já possuía um nível bem mais avançado que ele, bem mais sensível, mais humana, compreensiva. Ele ainda carregado de bastante violência, agressividade, arrogância, vaidade e egoísmo. Mas o reencontro provocou mútua e forte atração e acabaram formando família. Todavia, ele a traía constantemente, a agredia com frequência, e as mágoas dos velhos tempos atlantes, guardadas no fundo de suas almas, começaram a ser estimuladas pela convivência. Em algumas situações do cotidiano, esses impulsos começaram a surgir no campo subconsciente de ambos, em momentos esporádicos, mas com intensidade suficiente para provocar mais atritos, às vezes sem causas suficientemente plausíveis.

Ela, então, como não suportava o clima de terror que ele

lhe causava, com sua brutalidade, fugiu de casa com os dois filhos para a casa dos pais, em outra vila. Ele a procurou e conseguiu alcançá-la. Por conta de muitas agressões, acabou causando-lhe a morte na presença dos filhos, ainda crianças. O menino, de seis anos, teria sido amante dela nos tempos atlantes e a menina, de oito anos, amante dele no mesmo período passado.

Ele entrou num processo de autodestruição mental, alimentando uma culpa gigantesca e tristeza imensurável, porque no fundo a amava, apesar das mágoas e dos impulsos inconscientes de vingança em razão do passado remoto, em que nódulos de traumas, culpas, medos, sentimento de vingança e tantas mazelas mentais-emocionais ficaram gravados na sua memória milenar, o que ocorre quando não são trabalhadas pelo perdão, compaixão, compreensão e afeto. Depois de tantas vidas como guerreiro, ele trazia em sua contextura áurico-mental e instintiva fortes impulsos de violência, com uma enorme dificuldade de controlá-los. Ela, no período pós-desencarne, depois do auxílio recebido no plano espiritual, alcançou um padrão de sentimento que lhe propiciava o perdão e a compreensão em relação ao seu ente amado.

Ele reencarnou por duas vezes como deficiente físico, sem, no entanto, reencontrá-la. Teve essas duas vidas seguidas, uma na Ásia e outra na Europa, como pessoa solitária, apesar de ter buscado incessantemente relacionamentos afetivos, todos frustrantes. Tinha sensação de que amava alguém nos sonhos, sem saber de onde provinham aqueles sonhos. Na verdade, em alguns momentos encontrara com ela no Astral e sabia que se tratava da pessoa amada. Mas ambos estavam em estágios evolutivos bem diferentes, o que impossibilitava uma sintonia mais efetiva.

Ao longo da jornada evolutiva, ambos (principalmente ele) adquiriram muitos carmas pesados. Os dois conheceram e se envolveram com muitas outras almas, gerando mais carmas negativos em algumas dessas vidas; em outras, carmas positivos também, além de terem cultivado boas amizades e relações afetuosas.

No século XIX, vieram a se reencontrar em Portugal. Ele

como comerciante e ela como uma jovem de família pobre, mas bem alicerçada em termos de ética religiosa. No primeiro encontro daquela encarnação, houve um verdadeiro *flash* de sintonia, quando trocam olhares em uma feira, ao ar livre. Ela, com 17 anos, acompanhava o pai na compra de víveres para o almoço. Ele, então com 23 anos, cuidava da banca da família, onde vendiam aves e ervas aromáticas. A troca de olhares entre ele e aquela transeunte funcionou como um ímã. Ambos dormiram naquele dia um pensando no outro.

Tempos depois, mais especificamente no ano de 1833, o pai dela recebeu convite de um amigo comerciante para ir viver no Brasil, na cidade do Rio de Janeiro, onde surgiam muitas oportunidades de trabalho. Mas, antes da partida para o Brasil, numa das idas à feira, Helena se aproximou da banca de Luiz e finalmente ele iniciou uma conversa, primeiramente oferecendo os seus produtos. A partir daí, teve início uma amizade repleta de impulsos de afeto e paixão. Semanas depois, numa certa tarde de domingo, atrás da igreja matriz da cidade de Évora, finalmente aconteceu o primeiro beijo. Novos reencontros poderiam ter ocorrido, mas Helena os evitava, pois sabia que logo iria partir para o outro lado do oceano e a relação não poderia continuar.

Certo dia, desesperado por não mais conseguir encontrar com sua paixão avassaladora, Luiz se aproximou da casa da amada e, após várias tentativas (sempre na espreita, escondido dos pais dela), conseguiu lhe falar. Então Helena lhe contou sobre a viagem que aconteceria nos próximos dias. Luiz entrou num processo de desespero. A princípio, pensou em pedir a mão de Helena aos pais dela. Mas nesse encontro ela lhe disse que o pai já tinha dito que a família não se separaria e que todos iriam juntos para o Novo Mundo. Isso significava que, se ele desejasse algo mais sério com ela, teria de seguir para o Brasil. Contudo, Luiz não podia partir e deixar de cuidar do comércio da família, pois era o mais velho dos filhos e seu pai se encontrava em avançado estado de cirrose que o levaria à morte, sem condições de cuidar das atividades que sustentavam a esposa e a prole de sete filhos.

Desde a primeira vez que viu Helena, Luiz teve a certeza

de que ela era a mulher de sua vida, futura esposa e mãe de seus filhos. Ela também sentira algo especial por ele. Luiz lhe tocara o fundo da alma desde o primeiro dia em que olhou para ele. Luiz não conseguiria esquecê-la. Ela partiu com a família para o Rio de Janeiro e nunca mais se encontraram. Passaram-se anos. Luiz se casou com uma jovem portuguesa. Helena conheceu um brasileiro com o qual também veio a se casar. Ambos constituíram suas famílias, com dez filhos cada um.

Helena foi uma boa esposa e boa mãe. Sincera em sua religiosidade, dedicada aos compromissos do lar. Luiz, entretanto, apesar de não deixar nada material faltar em casa, tratava com grosseria e às vezes com violência a esposa, especialmente nos dias em que bebia em excesso. Não raras vezes, batia com violência nos filhos. Seus impulsos de agressividade vinham desde muito tempo arraigados em sua alma. Não era incomum fazer farras com os amigos e depois visitar o prostíbulo. A lembrança de Helena de vez em quando lhe surgia à mente. Por diversas oportunidades, confidenciou aos amigos que ela sim teria sido sua verdadeira esposa. Com Helena teria encontrado sua realização amorosa. Vivia em estado contínuo de frustração afetiva.

Alguns anos depois, Luiz desencarnou vítima de complicações gastrointestinais, o que lhe tinha gerado um câncer. Sua ira interior constante, a bebida e os desregramentos eram práticas costumeiras desde vidas passadas. A família então padeceu por dificuldades financeiras. Naquela mesma época, Helena também veio a desencarnar em decorrência de uma hepatite fulminante. Ambos não se encontrariam no plano astral por conta da diferença vibratória entre eles. Mas Helena, que apesar de cumprir com dever de esposa e mãe, nunca tinha esquecido Luiz, guardando sua lembrança no fundo do coração. Velava por ele do mundo espiritual, para que se livrasse dos lodaçais das zonas inferiores do Astral. A diferença evolutiva entre ambos era visível. Por ter trabalhado com mais antecedência o orgulho e o egoísmo, desenvolvera bem mais cedo a humildade, a disciplina e a sensibilidade.

Após muitos anos, depois da drenagem de sua psique bastante intoxicada, com intercessão de Helena, Luiz foi resgatado do Astral inferior e internado numa clínica de recuperação no Umbral, onde por diversas oportunidades recebeu a visita de sua amada. Aliás, somente décadas depois desse processo, conseguiu identificar a real figura de Helena. Sabia apenas que recebia periodicamente a visita de uma enfermeira bondosa, atenciosa para com ele, e competente nas terapias mentais-emocionais de desintoxicação. Ele carregava enorme peso na consciência, muita culpa, autoflagelo interior, depressão e um longínquo sentimento de perda de pessoas muito queridas, mas não conseguia discernir de quem se tratava exatamente. Entretanto, sentia no fundo da alma um enorme respeito, carinho e gratidão por aquela enfermeira.

Mais tarde, Luiz foi transferido para um centro de preparação de reencarnes, em outra área do Umbral, próximo a uma vila nas fronteiras do Astral intermediário. Nessa época, ele começou a recobrar, lentamente, a consciência e a lembrança de algumas pessoas que deixara no mundo físico, como seus filhos. Tinha vaga recordação de alguém que muito amara, sem jamais tê-la alcançado, mas não conseguia mentalmente discernir em detalhes quem seria essa pessoa.

Finalmente reencarnou como Rafael, em 1932. No ano de 1937, Maria Augusta viria a ser a nova personalidade de Helena. Ambos reencarnaram no interior de Minas Gerais, e se conheceram na escola. Maria Augusta estava no curso ginasial e Rafael já frequentava o curso médio, antigo científico. Um dia, ele foi apanhar um certificado na escola, quando se deparou com uma menina de doze anos. Ao vê-la, tomou um choque e ficou estático por alguns segundos. Ela, da mesma forma, se sentiu tocada pelo olhar do rapaz. Rafael voltou à escola mais duas vezes, sob o pretexto de resolver algum problema burocrático do seu antigo boletim. Mas aparecia lá exatamente na hora do recreio, só para tentar encontrar a menina que o deixara impressionado, apesar de saber que no fundo seria uma relação complicada, porque ela era muito mais nova que ele.

Passaram-se seis anos. Ambos se reencontram numa festa de aniversário de uma pessoa amiga ligada às duas famílias. O início do namoro entre os dois era inevitável. Rafael sentia uma profunda culpa subconsciente em relação à alma de Maria Augusta, e fazia tudo para não magoá-la, buscando atendê-la em tudo o que desejava. E assim, um mês depois de Maria Augusta completar 19 anos, eles se casaram. Tiveram seis filhos, sendo dois rapazes e quatro meninas. Pareciam um casal perfeito, que gerava muita inveja nos amigos, nos conhecidos e mesmo em alguns membros da família. Na vida íntima, sempre que voltavam da igreja, sempre que criavam o clima de prece no lar, sob estímulo e coordenação de Maria Augusta, se mantinham em plena harmonia. Mas no dia a dia era visível a distância espiritual entre ambos, apesar do forte carinho existente na relação.

Maria Augusta estava sempre pronta a compreender os rompantes do marido nos momentos de fúria, agressividade, ou nos dias em que ele chegava de madrugada porque ficava jogando com os amigos. Ela nunca o acompanhava, mesmo quando os encontros eram na casa de amigos mais próximos, porque não sentia sintonia com algumas das esposas, repletas de vaidade, chegadas à fofoca e maledicências, dentre outras mazelas. Somavam-se a isso, os dias em que, ao sair da casa de amigos, ele estendia o percurso para visitar algum prostíbulo.

Hoje, recém-saído do Umbral, vivendo numa pequena cidade do Astral intermediário, Rafael se recupera de um desencarne doloroso, em que passou por vários anos com disfunções digestivas e uma metástase decorrente de um processo canceroso surgido no intestino. Ao longo de muitos anos, as atitudes inconsequentes contra sua amorável esposa lhe acentuaram a culpa subconsciente, coisa que o fazia também aplicar autopunições mentais e guardar mágoas contra si mesmo, as quais aos poucos reverberaram no trato digestivo, em especial no intestino grosso, mais tarde se transformando num câncer letal.

Sempre que saía em suas viagens astrais durante o sono físico, quando não vagava por zonas densas do Astral, encontrava-se com seu guia espiritual, que lhe mostrava os equívocos e caminhos tortuosos em que se embrenhara. Ao retornar ao corpo físico, logo que acordava, vinham pensamentos mais lúcidos sobre sua relação e surgia uma força energética muito forte do subconsciente, carregada de sentimento de culpa, remorso e disposição de se realinhar com a adorável esposa.

Todavia, à medida que o dia passava, seus instintos desequilibrados, seus impulsos de ira e violência, suas aventuras e andanças por paixões de baixo tônus vibratório alimentado por séculos e séculos, surgiam com uma força descomunal. Maria Augusta, no fundo do coração, sabia que a ligação com Rafael era milenar, que habitava as profundidades de suas almas, mas tinha também uma leve consciência de que ele ainda não captara fidedignamente os sinais oriundos de sua essência espiritual e que vagava ainda perdido, longe da estrada da autorrenovação.

Atualmente, já bastante idosa, ela aguarda o dia de partir para o outro lado da vida. Jamais abandona os momentos de prece, os bons e orientadores diálogos com os filhos, netos e bisnetos, e principalmente as expressões de carinho para com todos. Nas últimas décadas, passou a frequentar assiduamente um centro espírita perto de casa. As leituras instrutivas e a ligação mais estreita com seu guia espiritual a têm feito se harmonizar melhor interiormente e na relação com a vida cotidiana. Foi uma pessoa muito apegada à família, a ponto de, não raras vezes, invadir a privacidade dos filhos e netos, expressando certo grau de dominação, em que pese ter sido uma atitude com o intuito de ver sua prole longe do sofrimento e das experiências cármicas dolorosas, ou seja, visando a uma boa intenção. Contudo, cada alma tem o direito de caminhar com os próprios pés, condição essencial de amadurecimento próprio.

O impulso de dominação que no passado pressionava a alma de Maria Augusta em direção ao companheiro de afeto, aos poucos foi amenizando. As dores decorrentes de mágoas geradas por atitudes agressivas de companheiros do passado remoto e da vida presente a fizeram amadurecer. Contudo, a natureza da energia de dominação migrou para filhos, netos e mesmo para pessoas mais queridas, não mais com o desejo expresso de invasão da individualidade alheia por prazer de sentir-se dono do outro, mas pelo intuito de querer o bem do outro.

De fato, isso já representava um avanço evolutivo, mas ainda distante de se transformar na polaridade energética inversa, ou seja, no respeito à decisão dos outros, na compreensão e compaixão por todas as pessoas amadas, mesmo quando estas enveredam por caminhos tortuosos da vida, mantendo-se no limite do aconselhamento, no diálogo amoroso e esclarecedor, e na manifestação do afeto sem desejar algo em troca ou sem querer ocupar o espaço físico e espiritual do outro como forma de garantir o "pagamento" ou reciprocidade do afeto. Portanto, ela ainda tem muito a caminhar na senda espiritual, pois traz as mazelas de ser humano no limiar do aprofundamento do autoconhecimento e da autorrenovação.

Rafael, por outro lado, ainda tem muito o que lapidar no campo de suas mazelas mais grosseiras. Recentemente, mentores espirituais lhe mostraram em telas astrais conectadas aos registros akásicos algumas cenas do seu passado. Ele sabe agora de suas fortes ligações espirituais com Maria Augusta. Sentiu um remorso tremendamente profundo, a ponto de lhe provocar o afastamento espiritual de sua amada, por vergonha e incapacidade de se perdoar, momentaneamente. Traz muitos resgates cármicos com outras mulheres. E nas próximas encarnações terá de enfrentar os desafios da vida com respeito a esses débitos afetivos. Somente num futuro longínquo, quando estiver mais amadurecido, terá oportunidade de reencontro com sua amada. Após exercícios de probabilidade cósmica, com o uso de computadores com programas avançadíssimos no Astral, mentores fazem uma projeção de que dentro de seis ou sete encarnações ele poderá ter a chance de se reencontrar mais uma vez com Maria Augusta como marido e mulher, ou mesmo como mãe e filho.

Os encontros afetivos para neutralização de débitos cármicos tendem a gerar futuras relações filiais, paternais e fraternais, ou seja, quem foi marido e mulher numa vida tende a se reencontrar como pai e filho, irmãos consanguíneos, ou mesmo como amigos. A proposta é desenvolver mais e mais o sentimento fraterno entre todos. Todavia, nos casos de relações oriundas de ligações monádicas, a tendência é que haja nos primeiros encontros entre eles uma relação de cunho afetivo ou como marido e mulher. Porém, à medida que essas almas amadurecem espiritualmente, vão também desenvolvendo uma relação afetiva mais e mais fraternal, podendo ser como pais e filhos também.

O encontro de Francisco de Assis e Clara, no século XIII, na Itália, foi um exemplo dessa experiência afetiva, apoiada na fraternidade plena. Quem avançou muito na senda evolutiva, estará sempre de braços abertos para auxiliar seu parceiro monádico e todos aqueles que fazem parte da mesma família espiritual, ajudando quem está atrás a crescer espiritualmente.

O afastamento entre almas monádicas, por um tempo, faz parte do processo educativo e terapêutico de quem ainda se encontra muito grosseiro, incapaz de compreender o outro e de cultivar um amor mais elevado, de captar o sentido verdadeiro do autoconhecimento e da autorrenovação e, principalmente, a capacidade de usar seus conhecimentos e sintonia espiritual superior para promover o próprio avanço na senda evolutiva. Apesar da grande ajuda que se recebe no início da caminhada evolutiva, chega o momento em que o ser precisa usar os próprios pés para subir a montanha, ainda que receba a ajuda fraternal e providencial daqueles que já se encontram no Alto ou mais à frente.

Essa história de Rafael e Maria Augusta mostra o quanto muitas vezes almas de uma mesma origem monádica se reencontram ao longo de suas jornadas evolutivas, contudo nem sempre ocorre um encontro de sintonia mútua. Sentem, no fundo do coração, que algo os conecta fortemente, mas as diferenças de maturidade mental-emocional acabam por provocar ruídos relacionais e gerar desencontros. Tais desencontros e até afastamentos acabam por ser necessários, especialmente para aquela alma menos evoluída que ainda precisa passar por certas experiências de vida e lapidações, de maneira a promover o amadurecimento espiritual que permita um futuro reencontro entre essas almas.

Pergunta: Quer dizer que ao longo da jornada evolutiva não existem encontros, ao estilo do que vemos nos filmes, de almas com alto nível de sintonia, exceto quando já se encon-

tram em estado bem avançado de evolução?

Nicanor – Sim, existem casos de almas que se encontram em padrões semelhantes de evolução, estando elas no meio da caminhada rumo à autorrenovação, de modo que ambas se ajudam mutuamente, em que pese também adquirirem, normalmente, vários carmas (alguns dos quais pesados) conjuntos, pois estão sujeitas a pensamentos, sentimentos e atos condizentes com seus respectivos graus de evolução ainda repletos de mazelas íntimas.

Contudo, na maioria das vezes os encontros ocorrem estando uma em estágio mais avançado que a outra, quando então chega a hora em que o desencontro e afastamento é inevitável. Mas, quando aquela alma que está bem mais à frente atinge certo grau de maturidade espiritual e descobre que sua contraparte energética se encontra perdida em algum lugar do Cosmo, então vai atrás dela por efeito atrativo-energético, regado de grande amor fraternal. Assim, a alma que se encontra na dianteira busca ajudar de variadas formas aquela outra alma-irmã em essência, carregada de elevadas doses de compreensão, compaixão, persistência, motivação e disposição de ajudá-la incondicionalmente.

Pergunta: E nesses casos, quando aquela alma mais evoluída volta para ajudar a alma-irmã que ficou para trás na evolução, os reencontros serão como pais e filhos, irmãos ou amigos somente, ou podem também ocorrer reencontros de marido e mulher enquanto reencarnados?

Nicanor – Assim como o Universo é infinito, existem infinitas formas de evolução e de ajuda. Tudo é possível, em termos de reencontros, de modo que, com o auxílio de espíritos superiores, aquela alma buscará o caminho com maior probabilidade de gerar o auxílio desejado em ambas as almas, especialmente naquela menos evoluída.

Pergunta: Ao longo da vida, temos visto com amigos e conhecidos, e de certo modo até mesmo pessoalmente já ocorreu uma situação em que imaginávamos ter encontrado aquela que seria nossa contraparte monádica. Entretanto, com o passar do tempo descobrimos que fora um engano, talvez levado por uma "cegueira" de percepção. Que diz o irmão a respeito desses casos?

Nicanor – De fato, a pessoa que se encontra movida por paixão acaba passando, por certo tempo, por uma miopia perceptiva. Estados emocionais aguçados podem provocar certo arrefecimento do campo mental e mesmo do discernimento. Há certos reencontros de almas que se conhecem do passado e que não fazem parte da mesma família espiritual, especialmente se houve algum tipo de envolvimento emocional mútuo, podendo trazer impulsos de lembranças inconscientes ou subconscientes, sem explicação para o campo mental racional. Se houver algum tipo de atração físico-emocional, é natural que haja tendência a surgir estados de paixão, que também podem advir com o tempo de aproximação entre essas pessoas. Podem ainda ocorrer casos de atração por efeito de associação, ou seja, pessoas fisicamente ou mental-emocionalmente semelhantes a alguém já conhecido. Então ocorre um efeito mental-emocional de associação ou transferência inconsciente ou subconsciente, gerando algum efeito atrativo.

Há situações ainda de atração decorrente de vivências do passado e que são reavivadas. Nada acontece por acaso. A sabedoria divina, atuando através dos servidores do Pai, acompanha e de certo modo sabe que certos acontecimentos na vida são frutos de processos cármicos e também são encontros ou reencontros inevitáveis, para efeito de se construir um lar ou para se cumprir determinado planejamento do Alto.

Tais encontros ou reencontros de almas podem estar relacionados a resgates cármicos, o que aliás é muito mais comum do que se possa imaginar. Muitas vezes, são almas que se conhecem de outras vidas, viveram bons momentos juntas, mas adquiriram pesados carmas conjuntamente nos momentos de conflitos ou de parcerias para realizar atos ilícitos. Em meio a essas vivências do passado, é natural que se criem sintonias diversas, para o bem ou para o mal, e que se desenvolvam afetos mútuos, carinho, amizade, independentemente de suas origens monádicas diversas. Essa diversidade de encontros, desencontros (em face de resgates cármicos a atos passados regados a sentimentos de ódio, vingança, ressentimentos, mágoas, ciúmes, inveja dentre outras mazelas) e reencontros fazem parte das jornadas de amadurecimento das almas caminheiras da Luz.

Pergunta: Alhures, o irmão disse que existem outras contrapartes dessa família espiritual que vêm desde os tempos monádicos. É como se fosse uma família molecular de seres minerais que, a partir de certo momento, começam sua jornada evolutiva. Assim, os encontros, desencontros e reencontros não ocorreriam entre os membros dessa família maior?

Nicanor – Sim, sem dúvida, e mais que isso. Quando Jesus disse: "ama ao teu próximo como a ti mesmo e a Deus sobre todas as coisas", estava se referindo à necessidade do amor-próprio, do amor àqueles que se encontram mais próximos, em termos de essência espiritual (como a família monádica), mas igualmente aos familiares consanguíneos durante as jornadas encarnatórias, e também ao próximo em termos de presença física e espiritual. Esse próximo é relativo e vai se estendendo até onde se estender a mente do ser. Para um ser que se encontra limitado mentalmente ao seu universo familiar, sua vizinhança e a comunidade onde reside representará o seu próximo. Para aquele que enxerga o seu limite mental dentro do país ou do planeta onde habita, seu próximo serão todos esses que habitam o seu entorno mental, e assim sucessivamente. Aquele que pensa e sente em termos cósmicos terá a possibilidade de amar em âmbito cósmico.

O ser em processo de evolução, à medida que expande sua consciência e sua capacidade de amar, vai também estendendo seu alcance de amor sobre aqueles que fizeram parte de sua origem monádica, e não somente à sua contraparte de polaridade energética mais próxima (*yin – yang*, como se diz nos conceitos taoístas). Então, esse reencontro de amor vai em direção a todos que fizeram parte de sua essência criadora na fase monádica. Contudo, ao longo das muitas e muitas jornadas encarnatórias, especialmente no reino humano, o ser encontrará e se relacionará com muitas outras almas, porque viver a diversidade faz parte do amadurecimento e ajuda na expansão do amor e na compreensão do Cosmo. Por isso, haverá não só reencontros, mas novos encontros, muitos horizontes novos nas relações afetivas, de amizade, paternal, filial e fraternal.

Mesmo os que se dizem inimigos nas fases primárias e intermediárias da jornada, um dia estarão fadados ao perdão e ao reencontro e à eliminação das mazelas que os transformaram em inimigos. A polaridade então se inverterá em amizade e amor, porque assim é a evolução rumo ao Amor Central. Dessa forma, podemos perceber o quanto há diversidade de almas, de formas biológicas, de maneiras de ser, de culturas, de cores, sons, de regiões, planetas, estrelas, galáxias, e toda uma infinitude de belezas universais multiformes.

Quando alcança o estágio evolutivo angelical, o ser naturalmente terá expandido sua capacidade de amar e sua consciência. Desse modo, não estará preso àqueles que participaram de sua essência monádica, porque o verdadeiro amor liberta e não aprisiona. Nessa fase, com certeza, se reencontrou com sua contraparte energética e todos os membros de sua família espiritual; não um reencontro para comemorar o mero prazer de encontrar almas sintonizadas em amor e compreensão, mas para se unirem consciencialmente em prol da continuidade da expansão mental e de sentimento fraterno-universal. Um reencontro para trabalharem juntos; não aquele trabalho enfadonho ou cansativo dos humanos em provações, mas rico em felicidade e amor pelas oportunidades de trabalho cósmico.

Todos unidos pela sintonia espiritual, estarão mais fortes em Luz para continuar a se expandir e a juntar-se a outros tantos seres com sintonia no mesmo diapasão. Seres outros advindos de muitas infinitas moradas do Pai, de muitas outras origens monádicas, pois crescer em consciência e amor significa ampliar a capacidade de amar em direção ao Universo. Dessa maneira, a junção de tantos seres de Luz proporciona o encontro para produção de verdadeiras usinas de energia de inteligência e amor cósmicos, gerando novas vidas, novos planetas, como arquitetos e engenheiros siderais, biólogos siderais e tantos outros artesãos cósmicos a serviço do Pai Celestial.

O Pai Infinito ama a todos e Sua consciência permeia a todos. Assim, todos os seres que caminham em direção ao Pai estão inexoravelmente a caminho dessa consciência e desse amor. Portanto, encontros, desencontros e reencontros significam experiências de amadurecimento da alma para um dia se unir a tantas outras consciências e sintonias de amor, em dimensão cósmica.

Pergunta: Os encontros, desencontros e reencontros podem ocorrer também entre almas que não fazem parte da mesma família espiritual?

Nicanor – Sem dúvida, e isso é normal. Aliás, é bom e importante que ocorra esse processo entre almas de variadas origens monádicas e de famílias espirituais, inclusive de orbes planetários, solares e galáticos diferentes, pois o amadurecimento do ser ocorre com as múltiplas experiências quando o ser aprende a compreender e amar as diferenças e todas as multiformes expressões da obra do Pai.

Existem almas afins, almas que trilharam caminhos similares, mesmo de diferentes origens, e assim criam sintonias vibratório-espirituais. Ocorrem também, nos percursos reencarnatórios, situações de conflito, animosidade, mágoas e inimizades, que após os mútuos resgates cármicos e perdão podem gerar, a partir daí, uma relação profundamente amorosa entre almas, com sintonias de pensar e sentir. O desenvolvimento e expansão do amor fraterno-universal passa indubitavelmente por processos como esses. Não é por acaso que, nas jornadas de encarnes e reencarnes, seja comum e necessário passar por provações relacionais como forma de treinamento da alma para um dia torna-se aquele anjo que ama de modo fraternal a todos indiscriminadamente e sem nada cobrar em troca.

A sintonia de almas de mesma origem familiar-monádica gera uma automática sintonia essencial que, conforme dissemos anteriormente, pode ao longo do caminho gerar afastamentos por diferenças evolutivas, fruto de diferentes esforços e maneiras de reagir diante das várias vidas. Todavia, a sintonia no âmago da centelha divina habitante de cada ser continuará existindo entre esses espíritos. No caso de almas afins e que desenvolveram afetos ao longo da jornada, é fruto de um processo construtivo altamente valoroso para o próprio amadurecimento.

Pergunta: Esses encontros e re-uniões não significam uma conexão de seres que se mantêm fisicamente próximos?

Nicanor – Conforme dissemos inúmeras vezes, o verdadeiro amor, o amor em nível superior ou o amor cósmico, é libertador e não aprisionador. O apego em relações é impulso típico de seres humanos que ainda se encontram ligados ao plano evolutivo físico e astral-emocional.[9] Seres que alcançam o plano mental-superior, e mais ainda quando chegam aos planos angelicais, sentem amor expandido, sem apegos e crescentemente ricos em amor fraterno-universal, sem afetação, sem precisarem estar grudados fisicamente aos seres amados, pois o amor que permeia muitos seres e coisas é fluídico, suave, doce, livre, incondicional e dinâmico.

Os seres superiores e angelicais respeitam e compreendem as limitações de quem ainda se encontra nos níveis dos apegos emocionais, muitas vezes carregados de boas intenções. Mas se o ser intenciona evoluir e se sintonizar com planos superiores, certamente terá que ir aos poucos educando seus impulsos, inclusive os relacionados a emoções primárias, a paixões inferiores, a emoções de apego a coisas e pessoas, mesmo que queridas.

---

[9] Existem muitas subgradações dentro de cada plano evolutivo. Fazendo uma correlação entre planos evolutivos e planos de desencanados, podemos dizer que no plano astral, por exemplo, existe uma gradação que vai desde os hiper-densos planos astrais, de zonas inferiores-infernais, passando pelas zonas inferiores-umbralinas onde há uma correlação com o plano evolutivo astral tendo predominância de energias emocionais densas, repletas de apegos e viciações. E depois, já no Astral intermediário, mesmo nas primeiras etapas deste plano, ainda existe essa predominância de emoções com muito apego, mesmo apego a pessoas queridas, o que reflete certo grau forte de egoísmo da alma por querer pessoas de que gosta perto de si (como aqueles desavisados que aprisionam pássaros em gaiolas só para ouvir seu canto), e de orgulho, pelo aspecto da dominação ou invasão da individualidade do outro, mesmo que inconscientemente, achando que está fazendo o bem da outra pessoa, sem respeitar seu livre-arbítrio ou seu processo individual de amadurecimento. Quando se deseja ardentemente ajudar outra pessoa ou alma que se encontra em caminhos profundamente tortuosos (encarnada ou desencarnada), então o ser ainda em estágio de provações deve exercitar a humildade e pedir aos planos superiores tal intercessão e ajuda, ao invés de sozinho se arvorar a penetrar em zonas mentais-emocionais sem o devido preparo ou amadurecimento, ou sem o suporte ou liderança de quem está à frente na evolução consciencial e em amor fraterno.

Sabemos que esse processo não é simples e que muitas vezes um pai, uma mãe, um filho ou um amigo pode se embrenhar por caminhos delicados, mobilizado pela força do amor-emoção rumo a ajudas, resgates ou simplesmente no cuidado de alguém a quem ama. Essa manifestação de amor é nobre e deve ser respeitada, e mentores espirituais estarão sempre a postos para auxiliar quem está imbuído desse nobre propósito. A força do amor, mesmo impregnado de emoções ainda típicas de zonas do apego, não deixa de ser manifestação de amor e é bela e respeitável naquele estágio evolutivo.

Não à toa, a Espiritualidade Maior orienta (e dependendo do caso proporciona encarnes compulsórios) futuros reencarnantes a que reduzam seus débitos com inimigos do passado, nascendo como pais e filhos, parentes ou amigos, de modo a desenvolver o sentimento de perdão, compreensão, compaixão, e é normal que nesse processo surjam apegos por afeto. O mesmo se dá em relação a almas ligadas por laços milenares ou seculares de afeto, levando muitas vezes a futuras encarnações em ambientes distantes umas das outras, para que esse apego seja arrefecido.

Apego gera sofrimento e aprisionamento emocional e o Pai deseja felicidade e liberdade aos Seus pupilos. Ele tem sempre a esperança de que, aos poucos, Seus filhos possam ir transformando essa força interior da paixão e do apego em sentimentos nobres e superiores, como o amor-doação, amor-desapego, amor-compaixão, amor-indiscriminado a todos os irmãos, sem cobranças.

Em estágios avançados de evolução, como naqueles seres pré-angelicais e nos que alcançaram os planos angelicais, o que existe é conexão mental e de amor por elos de sintonia sistêmico-universal, estando o ser ligado a um planeta, estrela ou galáxia, a bilhões de anos-luz de distância um do outro, pois assim pulsa a consciência e amor cósmicos, abarcando tudo nesse infinito Cosmo, dentro de cada sistema solar, sistema constelatório, galático ou macrocósmico.

E esse abarcamento não é aprisionamento, mas uma conexão energética entre aqueles que se amam incondicionalmente e amam a tudo e a todos, indiscriminadamente. O que existe são efeitos naturais de relações sistêmicas de interação, interinfluência e inter-relação entre os membros que compõem cada sistema – e essas interações e inter-relações sistêmicas não são vistas ou sentidas como aprisionamento, mas como cooperação amorável.

Uma alma ainda presa ao egoísmo e orgulho acentuados terá sua consciência e amor primários presos a si mesmo, apesar deste ser estar sendo envolvido pela consciência e amor maior advindo de anjos, arcanjos e do Amor Universal. Na medida em que esse espírito amadurece gradativamente e avança rumo à Luz, também gradativamente vai se aproximando do amor essencial, do Amor Celestial, e num dia cósmico, então, fará parte dessa conexão infinita de amor e consciência, porque infinita é a evolução como infinito é o Pai e o Amor e Consciência que Dele provém.

O amor é o grande e mais eficaz antídoto para as mazelas humanas e só ele, orientado por uma mente que se expande em consciência, a cada dia, será capaz de levar cada alma em direção ao Amor Universal.

Prece de Amor:
a Deus, ao próximo e a si mesmo
FAMÍLIA DHARMA

Amado Pai Celestial, sou grato a Ti pelo espírito que tenho.

Agradeço-Te por tudo o que me concedes, como meios de aprendizado, inclusive as dores.

Minha maior e mais profunda forma de agradecimento a Ti é o meu trabalho interior de autoconhecimento e autotransformação. E assim será.

Rogo a Ti, ó Pai amorável, que não tires as provações do meu caminho, enquanto elas forem necessárias ao meu amadurecimento.

Mesmo que em doses homeopáticas, a cada dia cultivo:

Humildade, serenidade, boa vontade e alegria para melhor vivenciar os desafios da vida, porque sei que queres apenas o melhor para mim, ainda que muitas vezes não compreenda certos obstáculos e infantilmente me revolte.

Banhado pela Luz celestial que de Ti provém, terei forças para lidar com desafetos de hoje e do passado, disposto a perdoá-los no fundo de minha alma.

Vivenciarei os percalços do caminho com coração tranquilo e apoiado no discernimento.

Ampliar minha capacidade de amor ao próximo, sem nada pedir em troca, é um exercício diário.

A cada dia darei um passo em direção ao meu mundo interior, conhecendo-me melhor a cada mergulho íntimo,

Aceitando humildemente minhas imperfeições e transformando-as aos poucos,

Pois sou um ser na estrada da Luz e, mesmo tropeçando e caindo, Tu me darás força para prosseguir na caminhada,

Com abundância de fé, autoconfiança, firmeza, disciplina e persistência,

Mas cultivando a cada instante o doce e sereno amor que compreende, perdoa, serve e expressa compaixão sincera;

Um amor profundo por mim, por tudo o que sou e que tenho por empréstimo divino,

Cuidando bem de tudo o que me rodeia ou se encontra em meu caminho, pessoas e coisas,

Um amor sem apego doentio, um amor liberto de paixões inferiores,

Um amor dinâmico que se renova a cada dia, um amor que se expande em direção à Fraternidade Cósmica,

Um amor que se sintoniza Contigo.

E que, cada vez mais, eu possa ser um medianeiro fidedigno do Teu infinito amor, onde quer que eu me encontre neste infinito Universo.

Que a divina Luz do Cristo banhe todos os corações e mentes, todos os lares e recantos deste planeta, impulsionando-nos em direção à paz interior e à fraternidade planetária.

Que assim seja!

A DERRADEIRA CHAMADA

Ramatis, Nicanor, Akhenaton, Hamod, Ashtar

Esta obra não se destina a um público específico. Pode ser lida por espíritas, espiritualistas, esotéricos, umbandistas, e principalmente por aqueles que em nada creem. Longe de ser o esboço de uma tragédia anunciada, A Derradeira Chamada é um amoroso convite aos seres humanos de todas as crenças e filosofias, à guisa do último alerta por parte daqueles que se encontram muito além de nós, em discernimento e evolução. Não se encontrará aqui pormenores de um destino devastador para a humanidade. Mesmo porque, a Terra já se encontra mergulhada em crises, contravenções e baixas vibrações, que, por si só, desempenham papel catalisador na intensificação de cataclismos. A pretensão é chamar atenção do homem para o seu próprio "apocalipse interior", auxiliando-o a descortinar os espaços mais escondidos de sua alma, onde o ego é exaltado e o orgulho faz morada, a fim de que possa estar preparado para um novo tempo, já que ele não desperta, mergulhado que está no deleite da vida material. Sob direção de Ramatís, que continuará, por longo tempo ainda, à frente do processo de encaminhamento do terráqueo a um novo patamar de consciência, este livro traz para o presente um ideal superior plasmado no Éter por espíritos comprometidos com o destino da Terra, em que se pode vislumbrar um panorama da vida harmoniosa dos mundos em regeneração: o cotidiano, a educação, a economia, as comunicações, o novo idioma, a política e a gestão pública, a religião, a inexistência das fronteiras, enfim, uma realidade tão absurdamente diferente da atual, que poderá parecer um filme de ficção aos mais desavisados que sequer conseguem imaginar como será a vida após ter descarregado o peso energético de suas mazelas íntimas. Unindo mentes e reformulando comportamentos será possível favorecer a materialização deste projeto do Alto que contribuirá para elevar a evolução da Terra a patamares condizentes com o grau que hoje lhe exige o padrão vibratório do Sistema Solar.

AMOR: ENCONTROS, DESENCONTROS E REENCONTROS
foi confeccionado em impressão digital, em junho de 2020
Conhecimento Editorial Ltda
(19) 3451-5440 — conhecimento@edconhecimento.com.br
Impresso em Super Snowbright_b 70g, Hellefoss AG